# Estructura

# Mental

# de los

# Racistas

# Peruanos

RICARDO L SABOGAL

# Estructura

# Mental

# de los

# Racistas

# Peruanos

*RICARDO L SABOGAL*

Sociedad Peruana de Antropología Visual

Universidad Nacional de Trujillo-CEPRODE

Universidad Nacional de San Antonio Abad del Cusco

Sobre el autor

Ricardo L Sabogal es antropólogo peruano y fundador de la "Sociedad Peruana de Antropología Visual". Sabogal ha realizado trabajos de campo en Verona y Perugia en Italia; Tambomachay, la Amazonía, y Huanchaco en Perú; Texas, New York, New Jersey, Philadelphia, Delaware, y Florida en los Estados Unidos de América.

Libros del autor son Antropología Insurrecta; Egoculturas Proactivas y Reactivas; El Turista Equivocado; Los Antiguos y Originales Surfers de Huanchaco; Un Antropólogo Primitivo en los Estados Unidos de América; An

Essential Manual of the Anthropologist's Fieldwork in Peru; Lagartos' Club; The No Theory of the Citizens; Proactivity and Reactivity in the Andes and Amazonia; Paleoaxiology: The Resurrection of Dormant Values; Egoculture: Anthropology of the Individual; Forgiving the Gods; Tup the Fisher; Live and Die in Tambomachay; The Spanish Teacher; The Romantic Latin Piano Guitar Man;

The Insurrectionist Anthropologist; Magnanimous; The Wrong Tourist; History's Original Natural Born Surfers; A Primitive Anthropologist in the USA; The Illegal Anthropologist; and Privileged People without Pockets.

En memoria de Liliana Mercado,
Alex Chang Zárate, Juani Gálvez
Arana, Miguel Marzuca, Jorge Luis
Matayoshi Yara, Aníbal, Pepito
Goicochea Sabogal, Gino Vallejo
Palma, Miguel Ángel Arana
Vásquez, Fernando Enmanuel
Rodríguez Rivas, Salatiel Romero
Malca, Calín Carranza Arévalo,
Luis Lozano Marín, Ernesto
Villanueva, Miguel Rubio y Jorge
Luis Alcántara Ascón, mis amigos
fallecidos quienes siempre soñaron
con un Perú libre y decente.

*A Jeanine, Coco Vera, mis amigos,*

*mis maestros y mis colegas*

*antropólogos*

FROM COVER: PAINTING BY

RICARDO L SABOGAL

"Yo sé lo que es bueno y lo que es
malo, y quiero hacer sólo lo bueno,
pero no puedo."

De la obra
*Perdonando a los dioses*
escrita por Ricardo L Sabogal.

# Contenido

Agradecimientos  17

Advertencia  23

Introducción  25

El origen del mal  33

Los rostros del mal y de los

que nos odian  61

Feos, pobres, sucios, brutos y

malos  125

Los grandes ecualizadores 141

Liberarse es vivir  149

Bibliografía  163

Índice Analítico  165

## Agradecimientos

Este pequeño libro ha sido escrito gracias a la voluntaria y generosa ayuda de muchísimas personas quienes han querido permanecer en el anonimato. Toda la información recolectada durante 23 años, desde el primero de enero de 1988 hasta el 30 de junio del 2011, ha sido sistematizada y analizada solamente por el autor. Dicha información ha servido para teorizar sobre diferentes aspectos socioculturales de la realidad peruana que serán publicados en siete libros, siendo el presente el primero de todos ellos.

La presente obra, a pesar de su apariencia modesta, tiene un contenido muy significativo que esperamos sinceramente sea de gran utilidad para comprender más a un país tan complicado y único como es el Perú. También es nuestra intención colaborar con el desarrollo y mejoramiento de las calidades de vidas de los habitantes de una sociedad sumamente compleja y diversa que necesita de un autoanálisis crítico y franco. Estamos seguros de que el futuro es muy positivo para un gran país como el Perú, que a pesar de tantos obstáculos y enemigos, continúa en su camino hacia su libertad y bienestar.

Nuestros más sinceros agradecimientos a todos los colaboradores e informantes que son los verdaderos autores de este libro. Un millón de gracias a todos mis maestros de antropología, economía, filosofía, política, historia, lingüística y arte del Colegio 111 de Cajabamba, del Colegio Liceo, del Colegio Claretiano de Trujillo, de la Universidad de Perugia en Italia, de la Universidad Nacional de Trujillo en Perú, de la Universidad Nacional de San Antonio Abad del Cusco en Perú, de la Universidad del Pacífico en Perú, del Delaware Tech en los

Estados Unidos de América y del Instituto de la Lengua de Boca Ratón en los Estados Unidos de América; muchísimas gracias a Carolina Espinoza Camus, José Becerra Castañeda, Jorge Flores Ochoa, Gabriel Escobar, Washington Rozas, Liliana Mercado, Selena Cervantes, Aurelio Carmona, José Escalante, Eduardo Achútegui, Ricardo Valderrama, Marco Villasante, Oscar Paredes Pando, Orlando Velásquez, José Canal, Manuel Castillo, Edgard Peláez Vinces, José Elías Minaya, Mario Millones, Carlos Quispe, David Mottocanchi, Mario Morvelí, José Gonzales Rios, Ramiro Ccoscco, Hugo Blanco, Julio César Farfán, Daniel Escobar, Erik Fuentes, Herman Pancorbo, Rosa Paredes, Efraín Candia, Carmen Olivera, Edwin Rodríguez, Maquela Rozas, Álex Álvarez, Carmen Rosa Araoz, Roberto Quispe, Daniel, Víctor, Marcial, Yoni, Valentín, José, Don Bernardino, Fabiana, Rosa Huaracha, Shirley Luna, Gervasio Achircana, Odilón Arce,

Salomón Lerner Febres, Jorge Wiesse
Rebagliati, Padre Arcuza, José Lanz, Carlos
Amat y León, Eduardo Morón, Bruno
Seminario, Germán Alarco, Dante Albertini
Abusada, Wilfredo Blondet, Felipe
Portocarrero, Fernando Osorio, Italo Yuli,
Rodrigo Arosemena, Manuel Maurial, Ximena
Rodríguez, Percy Cayo, Martina Vinatea,
Estuardo Marrou, Elsa Del Castillo, Stefano
Ragni, Padre Armando Ceccarelli, Alfredo
Gildemeister, Julio Campero, Señorita Zumarán,
Gino Grossi, Kike Zagaceta, Rodríguez
Rodríguez, Pacho Vásquez Pita, Lizandro
Martos, Santa María, Carlos Baltodano,
Próspero Burgos, Wilson Palacios, Mario Rojas,
César Huaccha, Villanueva, Collantes, Núñez,
Castillo, Rodríguez, Francisco Cisterna, Padre
Bilbao, Piña, Zósimo Amado Jara, Cristóbal
Rubio, Ubaldo Urra, Dávalos, Carlos Castillo,
Paredes, Paucar, Segundo, Eleuterio, Martha,
Alicia, Sonia, Valderrama, Pepe Becerra,

Manuel, Virgilio, Baltasar, Olivia y muchos excelentes maestros más quienes me enseñaron excelentes valores humanos, ideas honestas, métodos apropiados, técnicas originales y conceptos esenciales.

## Advertencia

En el presente libro se utilizan términos y categorías racistas con fines analíticos debido a que son los utilizados por los racistas peruanos. Dichos términos han sido originados erróneamente por ignorancia e incluso han sido aceptados por las personas afectadas en muchos casos. Indio e indígena, por ejemplo, nacen del error de los invasores europeos quienes creyeron que habían llegado a otro continente. Incluso ahora, muchas personas afectadas aceptan el término indígena para denominar a sus asociaciones. Sin embargo, en la realidad sociocultural peruana, indígena es un insulto y denota pobreza e ignorancia.

Cuando se mencionan los términos racistas usados por racistas tales como «mestizo», «gringo», «cholo», «indio», «negro», «indígena», «blanco», «costeño», «serrano», entre otros similares, nos referimos a las percepciones personales de los racistas y a sus terminologías; definir e identificar quién es quién es imposible, solamente los racistas pueden hacerlo, por supuesto, siempre los racistas dicen ser personas y siempre dicen que los demás pertenecen a razas inferiores sea la que fuere.

## Introducción

La cultura es las maneras de vivir juntos de las personas y la antropología es la ciencia encargada de estudiarla. Todos los hechos socioculturales dentro de esta definición son relevantes para el trabajo de investigación de los antropólogos. Además, los antropólogos descubren principios culturales que son muy útiles en el establecimiento de políticas diseñadas para solucionar problemas sociales. En otras palabras, los antropólogos descubren leyes culturales y elaboran teorías sobre nuestras maneras de vivir juntos que serán aplicadas por corporaciones, organizaciones, comunidades, instituciones, empresas y gobiernos con el fin de solucionar problemas de convivencia de las personas. El trabajo del antropólogo también consiste en recolectar datos relacionados con específicos problemas socioculturales, elaborar teorías que explican dichos problemas socioculturales particulares y ayudar a resolver los mencionados conflictos socioculturales de la manera más justa posible.

Todas las ciencias son empíricas y todas se basan en hechos reales observables y verificables relacionados con el problema particular en estudio. La antropología es la ciencia social que estudia las maneras de vivir juntos de las sociedades e incluye sus lenguajes, organizaciones sociales, valores, folclores, sentimientos, cosmovisiones, comportamientos, creencias religiosas, ideologías, normas, tradiciones, costumbres, hábitos y las maneras de satisfacer las necesidades. Todos estos aspectos socioculturales cuando están relacionados con las maneras de vivir juntos son relevantes para la antropología. Por el contrario, es posible afirmar por definición (la cultura es las maneras de vivir 'juntos'), que todo aquello que evite y destruya la convivencia es parte de la «anticultura».

Los antropólogos deben seleccionar los datos que son importantes para la ciencia de la antropología, es decir, deben separar los datos antropológicos de los datos no antropológicos. Además, los antropólogos deben considerar únicamente los datos antropológicos que están relacionados con el particular problema bajo investigación. Incluso, después de haberse realizado esto, los datos antropológicos recolectados aparecen algo desconectados y desorganizados. El objetivo de la teoría antropológica consiste en organizar, analizar, interpretar y generalizar los datos antropológicos relevantes. Los principios, teorías, leyes y modelos antropológicos, que en este libro son sinónimos, relacionan los diversos hechos socioculturales en forma empírica, lógica y racional. Las teorías, principios, leyes y modelos antropológicos son elaborados sobre la base de los hechos socioculturales; y estos hechos socioculturales a su vez sirven para verificar constantemente los principios, teorías, leyes y modelos antropológicos ya establecidos. Los hechos socioculturales, es decir, cómo las personas viven juntos según nuestra definición, cambian a través del tiempo. Por esto es muy importante y esencial que los antropólogos verifiquen las teorías con los hechos socioculturales para eliminar, modificar o actualizar generalizaciones obsoletas y poder así desarrollar la ciencia antropológica.

Vemos entonces que la antropología utiliza tanto el método inductivo como el método deductivo porque son métodos complementarios. Inductivo porque el conocimiento antropológico va desde los hechos a las teorías y deductivo porque igualmente va desde las teorías a los hechos. La inducción permite la elaboración de las teorías, modelos, leyes o principios antropológicos debido a que la antropología se basa en los hechos de la realidad sociocultural. La deducción permite comprobar si las teorías, principios, leyes o modelos son válidos o no.

Es oportuno indicar que este libro es fruto de un trabajo inductivo y que los conceptos y teorías que se presentan aquí son proposiciones nuestras. En honor a la verdad, no hemos querido incluir bibliografía sobre racismo para no alterar con ideas extrañas nuestro análisis de la realidad peruana debido a que las teorías ya existentes han sido elaboradas en otras realidades.

Las teorías, modelos, leyes y principios antropológicos son generalizaciones. Toda generalización es una directa afirmación representativa obtenida por inferencia a partir de casos particulares. Estas generalizaciones o afirmaciones representativas implican ciertas características cuantitativas también. Sabemos que los hechos socioculturales son muy diversos y que algunas personas se comportan de una manera y otras personas se comportan de una manera totalmente diferente. Por esta razón, las generalizaciones son representaciones promedios de los hechos reales que tienen bastante probabilidad de ser ciertas. En palabras más sencillas, podemos decir que los peruanos (en general) hablan español. Por supuesto, sabemos que muchos peruanos hablan solamente el quechua, aymara y muchas lenguas amazónicas, pero aún así esta generalización es muy útil y significativa si es analizada e interpretada adecuadamente.

El tema de este libro es la estructura mental general de los racistas peruanos y se basa en hechos y datos recolectados por más de dos décadas gracias a la colaboración de muchísimas personas. Estructura mental se refiere a las distribuciones de las ideas racistas fijas que sirven de sustentación a comportamientos igualmente racistas. Las generalizaciones que se presentan en este libro toman las formas de teorías, leyes, principios y modelos antropológicos. Obviamente, todas estas generalizaciones están relacionadas con los hechos socioculturales, es decir, se refieren a las maneras de vivir juntos de los peruanos.

Las generalizaciones antropológicas del presente libro no son estereotipos ni prejuicios. Los estereotipos son vulgares ideas, imágenes y etiquetas fijadas a ciertas personas. Los prejuicios son opiniones preconcebidas que no se basan en la realidad. La generalización antropológica, muy por el contrario, es una afirmación, concepto, noción o idea que se basa en hechos reales y que se ha elaborado racionalmente y lógicamente, y que además, es posible comprobarla.

La información que se ha recolectado es muy abundante sobre el tema de la estructura mental de los peruanos racistas. Las mismas ideas, actitudes, agresiones y hechos racistas se repiten una y otra vez. Similares testimonios, historias, experiencias y observaciones podrían llenar cientos de páginas con letra diminuta. Para no repetir lo mismo de diferentes maneras y no cansar al lector, se ha considerado solamente los ejemplos y las características más representativas y generales de la estructura mental de los peruanos racistas.

Nosotros veremos en las siguientes páginas que los racistas peruanos son los principales causantes de la injusta pobreza en el Perú, y seguramente, los racistas en diferentes países son igualmente los responsables directos de la injusta pobreza en nuestro mundo.

## El origen del mal

Toda perversidad tiene su origen definido y tiene sus consecuencias sumamente crueles. Según la información recolectada, el origen del racismo en el Perú se sustenta principalmente en una sola idea: la creencia del origen privilegiado de los racistas peruanos. O mejor dicho, los racistas peruanos se creen seres superiores porque ellos son las criaturas de dioses superiores foráneos que representan todo lo bueno que existe en el universo. Los racistas peruanos idolatran a sus dioses foráneos de una manera fanática y desprecian a casi todo lo que sea peruano. Este origen superior «naturalmente» confiere derechos, títulos y privilegios a los racistas peruanos. Gracias a este «título natural», los racistas peruanos pueden abusar, someter, dominar e insultar a los demás seres considerados inferiores. Más adelante veremos cuáles son las peculiares deidades grandemente idolatradas por los racistas peruanos.

Raza y racismo son conceptos muy polémicos. Nadie está de acuerdo con los significados de estos conceptos ni con las clasificaciones de las razas. Algunos expertos niegan que existan realmente las razas y muchos estudiosos afirman que el concepto de raza ha originado el racismo. De lo que sí estamos seguros es de que raza es un término que sirve para los estudios taxonómicos o clasificatorios de los biólogos.

En la realidad peruana los conceptos de las razas sirven para clasificar cultural y sociobiológicamente a las personas según el color de la piel, la fisonomía del rostro, la ropa, la manera de hablar, la riqueza monetaria, la relación socioparental y la actitud principalmente. El racismo se refiere a la creencia de que la propia raza es superior a las demás. En el Perú las razas que perciben los racistas peruanos son principalmente la raza india, la raza blanca, la raza mestiza, la raza negra, la raza asiática y la raza chola. Esta clasificación racial está sujeta a muchos prejuicios, falacias, odios, inexactitudes y errores enormes. Muchas personas son consideradas blancas en el Perú pero son consideradas negras en los Estados Unidos de América y muchísimas personas son consideradas cholas en el Perú pero son consideradas blancas en Europa. ¿Cómo es posible esta ilógica contradicción? Estas clasificaciones populares y contradicciones se analizarán después.

Una explicación de la clasificación racial hecha por los racistas peruanos es la idea sobre el origen de las personas. Si algunas personas tienen diferentes orígenes, entonces tienen diferentes cualidades; y si algunos orígenes son mejores que los otros orígenes, entonces algunas personas son mejores que las otras personas «inferiores». Esta idea está en la base de todo racismo.

Las personas más racistas del Perú están orgullosas de que su origen no sea peruano. Dicho de otro modo, los peruanos más racistas no se consideran descendientes de los «antiguos pobladores prehispánicos». Al mismo tiempo que admiran a los pobladores antiguos, los racistas desprecian a los descendientes de dichas personas. Aman los libros, las historias, los museos, los paisajes y las leyendas de los «antiguos», pero odian a los que son considerados sus directos descendientes.

Europa es el origen geográfico mayormente mencionado por los racistas peruanos. Ellos se consideran primordialmente descendientes de europeos educados, cultos, refinados e incluso aristocráticos. Estos «racistas europeos peruanos» o REP se sienten superiores por este simple hecho mitificado e imaginado. Para los REP es obvia la superioridad europea sobre la peruana. Claro, en este caso, como peruano significa algo negativo, se refieren a la sociedad peruana de los «indios, cholos, negros y mestizos», y no a la sociedad «moderna peruana y positiva» de los REP criollos. Cholos son los mestizos e indios son los nativos o aborígenes, afirman en su mayoría los racistas peruanos mejor informados. Los racistas europeos peruanos o REP afirman que la mente, cuerpo y cultura de los europeos son infinitamente superiores a la mente, cuerpo y cultura de los peruanos cholos, mestizos e indios. En realidad, las palabras expresadas por los racistas peruanos eran demasiado ofensivas y vulgares por lo que no fue posible repetirlas aquí, pero en el fondo la idea es la misma. Las artes, filosofías, tecnologías, economías, ideologías, modas, músicas, plazas, paisajes, climas, historias, poemas, palacios, aristocracias, playas, modales, lenguas, cuerpos, cabellos, ojos, sonrisas y hasta las revoluciones sociales de los afortunados europeos son deidades y exquiseces dignas de veneración para los REP.

No interesa el hecho histórico de que los inmigrantes europeos que llegaron al Perú en realidad pertenecían a las clases sociales con menores recursos. Claro está que ser pobre no es motivo de baja autoestima ni nada por el estilo, pero los racistas europeos peruanos o REP han inventado su propio origen noble y altanero. Sabemos que las migraciones se generan por dos fuerzas opuestas de atracción y repulsión y sabemos que los migrantes dejan sus hogares debido a que sus situaciones no son buenas. La atracción de ciertos países como los Estados Unidos de América, Italia, Japón y Australia seduce a los pobladores de países repulsivos como Marruecos, China, Nigeria y Perú. La gran mayoría de los países atractivos es deseada por su economía y bienestar y la mayor parte de los países repulsivos es abandonada por su pobreza e inseguridad. Las principales razones de las migraciones humanas son económicas, laborales, bélicas, educativas, políticas y familiares. Las personas que están en buenas condiciones en sus países originales no necesitan abandonar sus hogares para irse a sufrir en otros países, por el contrario, mayormente son los menos favorecidos quienes deben emigrar debido a que los gobiernos de sus propios países no han construido un lugar decente donde vivir. Los países atractivos receptores ofrecen a los inmigrantes llegados de otros países mejores condiciones y oportunidades por lo que los nuevos residentes generalmente se adaptan con cierta gratitud. Los racistas europeos peruanos o REP tienen la extraña y falsa idea de que sus antepasados pertenecieron a las clases sociales favorecidas de Europa, y además, creen que sus ancestros trajeron la «civilización y la prosperidad al Perú» y que por lo tanto los «peruanos cholos, indios, negros y mestizos» deberían estar eternamente agradecidos. Los racistas asiáticos peruanos o RAP, principalmente los originarios de Japón, tienen la misma idea.

Es relativamente fácil comprobar la existencia de las ideas de los REP sobre sus orígenes eurocentristas y no es necesario repetir y repetir en cientos de páginas los casi idénticos testimonios y las similares observaciones recolectadas en el trabajo de campo. Es mejor mencionar los datos más representativos e interesantes de la realidad sociocultural peruana.

En una capital europea en el año nuevo de 1991, cuando los escasos peruanos en Europa todavía eran pocos «privilegiados» y no los miles de inmigrantes y turistas peruanos que llegan ahora debido a la mayor pobreza en el Perú y a los menores costos de los viajes respectivamente, se efectuó en aquella gran ciudad una reunión de un grupo de peruanos estudiantes de universidades de diferentes países. Había peruanos que estudiaban en Alemania, en Italia, en Suiza, en Inglaterra, en Suecia, en Holanda y en Francia. Lo sorprendente de dicha reunión era que todos los estudiantes afirmaban que ellos eran criollos, es decir, que ellos eran hijos de antepasados europeos «sin mezcla» con los «peruanos nativos, indios, cholos, negros o mestizos». Es más, entre broma y broma los estudiantes se fijaban en las pestañas de los demás para comprobar si realmente todos eran criollos. Según alguien afirmó en aquella fría noche de año nuevo, las pestañas de los indios eran gruesas y rectas mientras que las pestañas de los europeos eran delgadas, largas y curvadas hacia arriba. Todos se sintieron europeos después de comprobar que las «pestañas» de todos eran efectivamente «europeas». En los días siguientes comprobamos algo sorprendente: los estudiantes peruanos REP no eran considerados europeos por la gente local. Este hecho incómodo lo sufrían todos los estudiantes REP desde que llegaron a Europa, sin embargo, ninguno de ellos lo mencionaba. Era fácil darse cuenta de la discriminación y del estereotipo del que sufrían cuando no podían entrar en ciertos lugares reservados únicamente para «otros». Pero los estudiantes peruanos REP aguantaban el racismo local sin expresarlo en palabras e ignorándolo disimuladamente porque ellos querían ser europeos también.

En la hermosa ciudad del Cusco existe un caso muy particular. Muchos racistas europeos peruanos o REP están obsesionados con el origen español y el color de la piel. El tener la «piel blanca, los rasgos blancos, las maneras blancas y la sonrisa blanca» es una virtud y es un poder para ellos. Para los racistas cusqueños, «los indios, cholos, mestizos y negros» no tienen derecho a sus derechos, o lo que es lo mismo, los seres inferiores no tienen derecho a la justicia. Incluso muchos racistas cusqueños creen fehacientemente que se debería «eliminar a todos los indios del campo porque son irracionales y porque además causan atraso al país».

Apellidos españoles sobre escudos de armas en Trujillo, Chiclayo, Cajamarca y Piura son el orgullo de los REP del norte del Perú. Estos racistas europeos peruanos o REP del norte peruano están convencidos de que ellos pertenecen a una clase privilegiada por el simple hecho de que sus antepasados llegaron de otro país. En el fondo no valoran el trabajo, la justicia social, los derechos laborales, la legalidad, la ciudadanía ni nada de esas cosas que «igualen a los igualados». Estos REP valoran la sangre, la biología, los genes, la herencia y el apellido.

Los limeños REP son los más orgullosos de sus orígenes. Muchos de estos racistas capitalinos entrevistados se sienten felices de que sus antepasados llegaron directamente del extranjero sin haber tenido que sufrir el atraso de las provincias. En algunas entrevistas que realizamos durante el gobierno de Alberto Fujimori, muchos racistas limeños se quejaban de que el presidente Fujimori «no cobraba nada a los serranos» que llegaban a Lima desde los andes peruanos y sí cobraba varios miles de dólares por la ciudadanía peruana a los chinos que querían migrar al Perú. Así eran más o menos las palabras de los racistas limeños. Para los REP limeños, «los serranos y provincianos peruanos son extranjeros indeseados».

Xenofilia significa el amor por todo lo que sea extranjero, y por lo tanto, xenófilo es todo aquel que ama todo lo que sea extranjero. Los racistas europeos peruanos o REP son xenófilos vehementes que desean, idolatran y aman a casi todo lo que sea foráneo. Cuando quieren conversar sobre temas agradables y cursis mencionan ideas y personajes europeos, libros en otras lenguas, los palacios de Madrid, los museos de París, la revolución francesa, los filósofos alemanes, la moda italiana y cualquier cosa que suene bonito a sus oídos. Cabe señalar que en nuestro libro *El Turista Equivocado,* publicado el 2002, se analizan muchas características tales como la xenofilia que los peruanos se observan en sí mismos. Muy «distintos» son los insultos que los REP, quienes se «autoconsideran europeos», utilizan para atacar y ofender a los que ellos consideran como «cholos, indios, negros y mestizos». ¡Cholo!, ¡Indio!, ¡Serrano!, ¡Huachafo!, ¡Huaco!, ¡Provinciano!, ¡Choro!, ¡Payhuaco!, ¡Huamán!, ¡Autóctono!, ¡Aborigen!, ¡Selvático!, ¡Guanaco!, ¡Trinchudo!, ¡Atahualpa!, ¡Inca! Todos estos insultos se refieren al supuesto origen inferior de la persona ofendida y original del Perú antiguo, o mejor dicho, original del continente cuando no existía el Perú. Mestizo no es insulto porque en el fondo los REP saben que todos los peruanos son mestizos. Claro, estos insultos pueden no ser insultos en otros contextos e incluso algunos de ellos pueden tener connotaciones positivas como por ejemplo cuando se dice cariñosamente cholo al amigo, pero cuando los REP insultan con verdadero odio, utilizan estos términos que están «relacionados» con el «imaginado» origen inferior de la persona ofendida y de sus ancestros prehispánicos.

Un caso ejemplar de la importancia del origen imaginado para los REP es el de un aspirante a sacerdote católico de la ciudad norperuana de Trujillo quien se creía español, hablaba como español y engañaba a todo el mundo que él era realmente español. Más que ser sacerdote, creemos que este personaje quería ser español. Este caso ocurre mucho en el extranjero donde muchos peruanos que se fueron en busca de trabajo se avergüenzan de ser peruanos y adoptan actitudes e identidades locales para diferenciarse de otros peruanos «considerados cholos e inferiores». Hemos observado muchos de estos casos muy similares entre sí en Italia, España, Suiza, Holanda, Inglaterra, Argentina, Estados Unidos de América y en muchísimos otros países más.

Por otro lado, monjas católicas que niegan el quechua abundan en la ciudad imperial del Cusco. Sin ofender a las monjas que sí son monjas cristianas, muchas monjas católicas pero no cristianas enseñan en las escuelas a los niños que el quechua y la cultura milenaria andina son causas de atraso y de pobreza. Ellas tratan por todos los medios que los niños olviden sus orígenes y que adopten la lengua española y las maneras occidentales. Muchas monjas racistas castigan a los niños que hablan quechua en las aulas.

Los racistas europeos peruanos o REP que han inventado sus orígenes míticos saben que el mestizaje es un hecho sociocultural universal pero tratan de ignorarlo siempre. Ellos se autoconsideran criollos o descendientes únicamente de europeos. Algunos REP reconocen que las «razas puras» no existen, y como buenos religiosos, reconocen que «todos somos hijos de Dios», pero en la vida cotidiana olvidan esta reflexión efímera para continuar con sus actitudes, discursos y poses racistas de supremacía «blanca».

El racismo en el Perú es un problema que tiene muchísimos años y que no ha disminuido absolutamente en nada. Podemos leer en el volumen titulado *Páginas Libres. Horas de Lucha*, editado por la Biblioteca Ayacucho en 1976 y que contiene los dos libros mencionados de Manuel González Prada escritos hace más de cien años:

Todo blanco es, más o menos, un Pizarro, un Valverde o un Areche. (343)

Francisco Pizarro fue el soldado español y asesino que llegó a lo que hoy es Perú con el fin de robar las riquezas de los pobladores locales. Vicente Valverde fue el sacerdote católico socio de Pizarro. José Antonio Areche fue el representante del rey español que llegó al Perú con el objetivo de aumentar las ganancias del rey y fue quien ordenó que el revolucionario Túpac Amaru II observara las ejecuciones brutales de su esposa Micaela Bastidas Puyucahua, de su hijo Hipólito, de su tío Francisco, de su cuñado Antonio Bastidas y de sus capitanes. Después Areche ordenó que Túpac Amaru II fuera descuartizado vivo en la misma plaza de Cusco donde su bisabuelo había sido descuartizado muchos años antes.

Creemos que el ensayista peruano González Prada se refería al origen de los racistas en el Perú al identificar, exageradamente por supuesto, a todos «los blancos peruanos» con Pizarro, Valverde y Areche. No solamente porque estos tres conocidos genocidas eran españoles y europeos, sino porque todo racista europeo peruano o REP es fundamentalmente un «invasor» que desea obtener riquezas en un país como el Perú donde los trabajadores no tienen derechos laborales y son un botín que hay que atracar como sea. Los REP entrevistados por nosotros en diferentes años mencionaban que ellos estaban de acuerdo con que los «considerados indios trabajaran para ellos, que los salarios no fueran decentes, que la mano de obra siguiera siendo barata, que no se educara al indio porque era peligroso y que se eliminara al indio cuando fuera necesario».

Los racistas REP son peruanos por las circunstancias pero son «extranjeros» por elección. En las excelentes clases de historia de la música del profesor Stefano Ragni de la Universidad de Perugia en Italia durante la década de 1990, estudiantes de más de cuarenta países del mundo se deleitaban con la música clásica europea. La sala decorada con obras de arte de famosos pintores y organizada con muebles finamente tallados de la mejor madera recibía cada tarde a los más exigentes alumnos venidos de todos los continentes del mundo. Al final del semestre y después de haber escuchado las obras maestras de los grandes músicos italianos, austriacos y alemanes, el profesor Ragni hizo que todos escucharan música andina para comparar el academicismo matemático de los músicos europeos con el sentimiento puro de los músicos originales andinos. Stefano Ragni se emocionó al revelar que aquella canción andina que habíamos escuchado durante la última clase era «peruana, natural, divina, humana, prístina, pasional y auténtica». Los estudiantes internacionales aplaudieron emocionados la sorpresiva primicia. Eso sí, algunos estudiantes peruanos REP no se emocionaron para nada y uno de ellos que amaba la música europea clásica y no clásica comentó que el origen de aquella música andina seguramente era europea y que «solamente por eso era bella».

Las redes sociales como el Facebook y el YuoTube permiten ahora poner en práctica el método cibernético positivo y el método cibernético negativo para observar las reacciones socioculturales de los usuarios y comentadores. Estos métodos son invenciones nuestras y probaron ser de gran ayuda en nuestro trabajo de campo. Experimentando a través del internet en las elecciones presidenciales peruanas del 2011 hemos podido recolectar datos importantes acerca de la cultura peruana y del racismo peruano. Si poníamos comentarios a favor del candidato presidencial Ollanta Humala, entonces las respuestas de los usuarios opositores eran mayormente racistas; y si poníamos comentarios a favor de la candidata presidencial Keiko Fujimori, entonces las respuestas de los opositores eran generalmente no racistas. Las personas que apoyaban a Humala pero que rechazaban a Fujimori respondían afirmando que la candidata era hija de un corrupto, que había estudiado con dinero robado y que vivía del dinero robado por su padre el ex presidente Alberto Fujimori. Las personas que apoyaban a Keiko Fujimori pero que rechazaban a Ollanta Humala respondían afirmando que el candidato era «un indio, un cholo, un horror, un serrano y que con ese nombre quechua seguramente era un resentido social».

Si insistíamos con comentarios más provocadores a favor del candidato presidencial Humala para ver las reacciones negativas (método cibernético experimental negativo) y las reacciones positivas (método cibernético experimental positivo), entonces los rivales anti Humala verbibélicos insultaban y ofendían con palabras repugnantes y soeces aún más racistas e irrepetibles en este pequeño libro. Por su lado los simpatizantes del candidato Humala apoyaban la necesidad del cambio socioeconómico del Perú debido a la corrupción e injusticia social imperantes y apoyaban una política social a favor de los empresarios y trabajadores peruanos y no a favor de los inversionistas extranjeros extractores de recursos naturales como las compañías mineras y petroleras.

Si insistíamos con comentarios más provocadores y tenaces a favor de la candidata presidencial Keiko Fujimori para ocasionar las reacciones negativas (método cibernético experimental negativo) y las reacciones positivas (método cibernético experimental positivo), entonces los opositores anti Keiko verbibélicos insultaban con palabras fuertes acusando a la hija del ex presidente de corrupta, sinvergüenza y ladrona, mientras que los aliados de la candidata Keiko Fujimori agradecían que en el gobierno de su padre se eliminaran el terrorismo y la hiperinflación. Solamente detectamos muy pocos comentarios racistas en contra de Keiko Fujimori que decían que ella era japonesa y no peruana. Algunos comentarios al margen señalaban que los «considerados serranos, cholos, indios e ignorantes eran comunistas y que los blancos costeños y de más dinero eran capitalistas de derecha». Estos comentarios son muy dudosos debido a que en las elecciones peruanas normalmente los votos de derecha e izquierda se reparten en todos los sectores geográficos de la sierra, costa y selva peruanas.

El racismo imperante en el Perú es un fenómeno cotidiano muy fácil de observar. En la televisión observábamos cómo la policía limeña golpeaba con sus cachiporras a una mujer pobre que quería rescatar su balde de plástico mientras destruían su hogar. Las autoridades habían enviado a las fuerzas visibles del poder para desalojar a gente pobre que había construido sus casas de adobe en terrenos del gobierno peruano. La mujer estaba llorando porque no quería que la policía destruyera su casa de adobes y su balde de plástico porque era todo lo que tenía en este mundo. Algunas personas REP entrevistadas por nosotros dijeron que estaba muy bien «eso» porque esos «serranos indios llegaban a Lima para causar problemas». Incluso algunos periodistas que se autodefinen «neoliberales de derecha» afirmaban lo mismo explicando que los «invasores» provincianos «causaban» problemas en la capital. Creemos que no era tan complicado darse cuenta de que lo que sucedía a esas personas necesitadas era en realidad una «consecuencia» de un problema mayor de injusticia. Incluso nos informaron después que esas personas fueron desalojadas de terrenos del «estado» porque no pagaron cupos, coimas y sobornos a políticos burócratas corruptos.

¿Pero cuál puede ser «el origen del origen» y causa del racismo? ¿Cuál es el origen de esa idea imaginaria del origen europeo privilegiado? El origen y causa, o mejor dicho, los creadores de la idea de que el origen de los peruanos descendientes de europeos es especial y por lo tanto motivo de privilegios de derechos innatos son principalmente los padres de los racistas europeos peruanos o REP. Los padres REP han crecido en una atmósfera cultural particular contaminada con ideas racistas. Esta contaminación racista viene desde los tiempos coloniales e incluso desde antes de la llegada de los españoles porque en las sociedades prehispánicas también había privilegios y racismo. En la colonia se clasificaba a las personas según la «raza» para conocer sus respectivos deberes y derechos, obviamente los españoles e hijos de españoles nacidos en América gozaban de privilegios y los denominados «indios» sufrían los mayores atropellos, abusos, crímenes e injusticias. Las sociedades prehispánicas también tenían colonias invadidas, grupos privilegiados y grupos dominados, y seguramente los miembros de los grupos de poder percibían diferentes «razas socioculturales» y por ende diferentes clases sociales. Otros países que han sido colonias han minimizado las consecuencias detestables del racismo histórico con el cumplimiento de leyes adecuadas, lamentablemente los malos gobiernos del Perú no han hecho nada para solucionar este gravísimo problema del racismo en el Perú.

A través de una crianza plagada de odios y racismo, los padres REP se reproducen a sí mismos. Es cierto que los mensajes y mandatos subliminales racistas pululan por todas partes y son practicados por los racistas de los gobiernos, empresas, medios de comunicación, burocracias, radios, partidos políticos, instituciones, organizaciones y así sucesivamente, pero en última instancia son las mamás y los papás REP quienes producen criaturas racistas, indolentes y creadoras de pobreza e injusticia social.

El origen del racismo es el origen de los racistas. Los racistas europeos peruanos o REP piensan que ellos tienen un origen privilegiado, que ellos nacieron en otra realidad muy distinta que la de los otros peruanos, que ellos crecieron en mundos diferentes y que ellos «no son iguales a los que se quieren igualar». Esto lo aprendieron de sus padres y lo enseñan a sus hijos porque lo mismo hicieron sus padres, abuelos y bisabuelos; es decir, «autorepiten» una reacción motora aprendida en la infancia. La autorepetición es hacer o decir lo mismo que otros hacen o dicen por imitación irracional sin considerar la validez y las consecuencias de lo que se repite. Así como algunos adultos gritan al escuchar ciertos sonidos desagradables porque sus padres igualmente lo hicieron cuando aquellos eran niños, también algunos adultos odian automáticamente a algunas personas en particular porque sus padres también las odiaban. Es posible afirmar entonces que el origen principal de los racistas REP son los padres racistas y sus ideas racistas aprendidas a su vez de sus padres.

## Los rostros del mal y de los que nos odian

Es posible identificar a las personas racistas del Perú que se consideran privilegiadas y que odian a los que son considerados seres inferiores. Para un antropólogo es relativamente fácil reconocer a un racista europeo peruano o REP. En nuestro estudio, nosotros primero intentamos reconocerlos a través de entrevistas, encuestas, grupos focales y conversaciones naturales para nada estructuradas, pero los resultados fueron pocas veces inequívocos y muchas veces dudosos. Claro, los racistas no desean expresar su racismo formalmente ante personas extrañas porque saben que no es correcto. Por el contrario, la observación participante sí demostró ser una técnica metodológica fructífera y poderosa.

Un racista europeo peruano o REP presenta varias actitudes racistas, algunas muy visibles, otras un poco ocultas y disimuladas y muchas actitudes casi invisibles. En un primer plano los REP tienen una actitud racista evidente a través de insultos y apologías del racismo, de la eutanasia, de genocidios y de la explotación de los menos favorecidos. Estos REP verbibélicos insultan y ofenden con términos racistas cuando las circunstancias exigen agresividad: pleitos, abusos, ataques, riñas, grescas y momentos de ira. En conversaciones familiares e íntimas los REP manifiestan abiertamente su racismo en contra de las personas consideradas inferiores. En público y en reuniones formales los REP guardan compostura y no expresan su racismo por temor a la censura y por el cuidado de la imagen personal. Algunos llaman a esto «el doble discurso», pero en realidad no existe el doble discurso. Cuando un racista europeo peruano o REP hace uso de palabras neutrales y decentes en público pero pronuncia palabras viles para insultar y despreciar a los considerados inferiores en la privacidad, entonces solamente posee un único discurso, obviamente el válido es el segundo discurso racista mencionado. El doble discurso no existe, lo que existe es un único discurso verdadero y en nuestro caso es el discurso racista del REP lo que existe. Y también existe una hipocresía y un cinismo mal enmascarados.

Un caso muy conocido por todos en el Perú es el insulto que el padre de una candidata presidencial del Perú le dijo al entonces candidato opositor en las elecciones del 2001. El señor llamó con sarcasmo «auquénido de Harvard» al ex presidente del Perú Alejandro Toledo. Al decir auquénido, el señor se refería al camélido americano cuyas cuatro especies son la alpaca, la llama, el guanaco y la vicuña. Si analizamos este insulto, el señor seleccionó específicamente el término auquénido porque el animal es propio del Perú y porque el ex presidente Toledo tiene «rasgos indígenas peruanos» según la percepción de los racistas. Para el padre de la candidata las personas que tengan orígenes peruanos son obviamente despreciables. Es oportuno mencionar que los políticos peruanos son muy conocidos por ser racistas, e incluso para nuestra mayor sorpresa, muchos de ellos insultan y ofenden abiertamente a los considerados «pobladores inferiores» sin nungún tipo de decencia ni vergüenza.

En un plano encubierto, la inmensa mayoría de REP expresa su racismo de una manera disimulada. Ejemplos representativos son los demasiados soldados, burócratas, empresarios, policías, sacerdotes, profesores y demás profesionales con influencia que apoyan, propagan y defienden el racismo. Basta ver los comerciales que idolatran a las imágenes de los dioses percibidos como blancos en la televisión, en los periódicos y en las revistas; basta conocer la política de los militares y marinos quienes escogen como oficiales a los «considerados más blancos» y quienes mandan como carne de cañón a los que no son percibidos de la misma manera; basta observar el trato delicado que ofrecen muchos profesores, policías y otros profesionales a los que son considerados blancos y el trato desdeñoso que dan a los que son considerados «demasiado peruanos» con raíces locales profundas.

En otro plano lleno de subterfugios y malas intenciones, los racistas europeos peruanos o REP hacen uso del mensaje racista subliminal que es más efectivo, tiene menos resistencia y es más dañino. Las personas observadoras y de pensamiento crítico pueden ver la contaminación anticultural que socava todo intento de vivir juntos en justicia, paz y desarrollo. Los mensajes subliminales de los REP que contaminan anticulturalmente pululan en los calendarios religiosos de las paredes con imágenes de santos y ángeles blancos y rubios, en los titulares de los diarios de derecha que afirman que los huelguistas causan desorden y que no mencionan que la causa del desorden es en realidad la injusticia social, en las declaraciones de los políticos que defienden a los inversionistas REP y atacan a los trabajadores «cholos», en las páginas de los libros escolares y universitarios que exaltan a los «conquistadores y aventureros» europeos de tez blanca, en las páginas sociales de las revistas que idolatran a todo lo que no sea peruano, en las palabras verbicidas defensoras de la estructura social injusta de algunos malos comunicadores que tienen la suerte de publicar en los medios gracias a la ayuda de sus padres o de algún pariente o amigo y no gracias al mérito, en el maltrato del gobierno a los pobres y en las especiales consideraciones que les da a los ricos. Observar todos estos hechos penosos en el Perú es increíblemente fácil, es decir, no existe dignidad ni respeto mínimos en la sociedad peruana donde es «normal» discriminar e insultar por nada.

Los racistas europeos peruanos o REP «perciben» seis «razas»: «la raza india, la raza chola, la raza mestiza, la raza negra, la raza asiática y la raza blanca». Los REP también creen que cada raza posee su «propia» cultura o manera de vivir juntos. Esta clasificación racial se basa en la percepción y en los prejuicios, y no se sustenta en ninguna base científica. Nosotros sabemos que las clasificaciones aún precarias de las razas efectuadas por la biología utilizan diversos criterios como el tipo de sangre y el ADN mitocondrial, y que solamente significan variedades biológicas y no culturales. Además, cualquier persona de cualquier «raza» criada en cualquiera de las «otras razas» vivirá de acuerdo con su cultura adoptiva. Raza no es cultura, o mejor dicho, el color de la piel no nos dice cómo vive una persona. Pero los REP no son científicos, los REP son racistas y nada más. Para los REP, los «indios» son los nativos del Perú quienes no tienen relación con los europeos, los «cholos» son los de origen provinciano con rasgos «indígenas», los «negros» son los descendientes de los esclavos africanos, los «mestizos» son los «blancos» mezclados con «indios», los «asiáticos» son los de origen japonés o chino y son considerados «mejores y más civilizados» que los negros, indios, mestizos y cholos. Para los REP, los «cholos, indios, mestizos y negros son ociosos, ignorantes, peligrosos, impulsivos, inferiores, estúpidos y necesitan ser dominados». ¿Parece cruel y exagerado? Muy por el contrario, lo decimos de esta manera «civilizada» porque repetir las mismas palabras «irrepetibles» expresadas por los REP sería asqueroso.

En realidad, las razas percibidas por los REP no son biológicas sino son «razas socioculturales» por decirlo de alguna manera. La percepción de las razas «depende» del dinero, la forma de vestirse, la manera de hablar y la relación. Los «obscuros» compañeros de colegio con mucho dinero son considerados «blancos»; los «blanquísimos» campesinos descendientes de españoles de Cajamarca o Cusco son «cholos»; los empresarios «mestizos» de éxito son «blancos» por conveniencia; los de Cusco que se autoconsideran «blancos colorados» son «cholos serranos» en ciudades de la costa; y las nueras, yernos, cuñadas y cuñados quienes inicialmente son mal recibidos por ser considerados «cholos» se convierten mágicamente en «blancos» después de las ceremonias de matrimonio con miembros de la sociedad REP.

Es oportuno señalar ahora que existen muchísimos casos idénticos bien documentados que podrían llenar tomos y tomos sobre el racismo REP, pero este libro es muy pequeño y creemos que es mejor mencionar brevemente los ejemplos más representativos para evitar repeticiones tediosas. Podríamos haber redactado innumerables historias de vida de personas que han sido víctimas del racismo peruano, o estudios de casos que son más «fantásticos» que las mejores novelas de ficción, o contar miles de anécdotas sobre racistas, víctimas, crímenes, cómplices y abusos, pero debido a la privacidad y al deseo de los entrevistados, no ha sido posible publicar aquellas historias.

Para el gobierno del Perú dominado por los REP, el gran escritor y antropólogo José María Arguedas fue muy «cholo» comparado con el saqueador estadounidense Hiram Bingham. Arguedas nació en 1911 y su centenario ha debido celebrarse oficialmente durante todo el 2011 por lo que se esperaba que el gobierno conmemorara al gran peruano y peruanista con el lógico título «Año del

Centenario del Nacimiento de José María Arguedas». Pero no ha sido así. El gobierno peruano de turno ha preferido celebrar el supuesto «descubrimiento» de la famosa ciudadela inca de Machu Picchu que supuestamente hizo el supuesto «descubridor» estadounidense Hiram Bingham. Incluso el Instituto Nacional de Cultura muestra una placa a la entrada de la ciudadela en homenaje al «ilustre ladrón de tesoros». Lo cierto es que Machu Picchu ya había sido redescubierta mucho antes por varias personas como la familia Recharte y la ciudadela era ya conocida por mucha gente del Cusco.

Muchos emigrantes peruanos que ahora viven en los Estados Unidos de América y en Europa compartieron anécdotas muy similares entre sí. Algunos recuerdan siempre que en el Perú ellos se consideraban blancos y que despreciaban a los mal denominados «cholos e indios». Ahora se sienten mal porque ellos son los «indios» en Europa y son tratados con desprecio en algunos casos. Algunos culpan a sus padres porque «les metieron en la cabeza» las ideas racistas de despreciar al que tiene apariencia «diferente». Un personaje peruano en Madrid recordaba que él trataba mal a su «empleada doméstica peruana» en el Perú porque así había aprendido de sus padres y que por el contrario se sentía mal cuando una chica «rubia pero pobre» de Brasil trabajaba en la casa de unos conocidos. El joven se lamentaba de que la situación era algo «triste» e incómoda porque ella era «blanca».

Numerosos residentes peruanos en el extranjero quienes se consideran blancos nunca escuchaban música andina en el Perú ni se interesaban por la artesanía peruana. Ahora muestran con cariño sus cerámicas y sus chullos peruanos que adornan sus salas y algunos declaran que ya socializan con peruanos quienes son considerados «cholos». Lo hacen por las circunstancias y admiten que no lo hubiesen hecho en el Perú pero que ahora lo hacen porque en el extranjero «las cosas cambian y hay otras necesidades y situaciones».

Si observamos quiénes son las denominadas empleadas domésticas, las modelos, los soldados del servicio militar que pelearon por el Perú, las personas que viven en terrenos de alto riesgo, los trabajadores mal pagados, los porteros de los locales exclusivos que no dejan ingresar a los supuestos «cholos», los residentes de zonas seguras, los presos de las cárceles, los lustrabotas, los campesinos, los que trabajan más, los que viven de la explotación de otros y así sucesivamente, nos daremos cuenta de que generalmente los que supuestamente tienen rasgos fisonómicos más parecidos a los «antiguos» habitantes prehispánicos viven en muy malas condiciones.

Muchos REP afirman que esto se debe a que las percibidas como razas inferiores son ociosas y poco emprendedoras. Eso es totalmente falso porque es muy fácil ver que los campesinos, obreros, trabajadores, comerciantes y todos los peruanos en general son personas muy trabajadoras que consumen demasiada energía para obtener resultados precarios debido a la pobre infraestructura que los gobiernos ineficientes proveen con el dinero que todos los peruanos pagan a través de los impuestos. Hay falta de comunicaciones, falta de educación, falta de seguridad, falta de servicios públicos, falta de reglas, falta de salud pública y falta de colaboración por parte del gobierno; sin embargo, los peruanos trabajan y trabajan duramente para superar los obstáculos injustos que el estado peruano y sus diferentes gobiernos defienden y perpetúan.

Las personas que tienen poder y dinero mantienen el modelo y la estructura social porque viven de la explotación de los pobres. Los poderosos no desean pagar justos precios por trabajos y por productos porque desean más y más dinero. Las «empleadas domésticas y la papa» deben ser baratas, afirman algunos REP. ¿La razón? Los REP son, debido a sus orígenes, seres privilegiados y merecen que se les cocine y se les sirva con mucha delicadeza y a muy bajo precio.

Ahora bien, si nosotros también percibimos esas diferencias raciales que ven los REP, entonces también somos racistas. Los únicos que perciben solamente personas y no razas son los humanitarios. Hemos dicho que si observamos la realidad peruana nos daremos cuenta de que las personas que están en malas condiciones generalmente presentan rasgos más parecidos a los antiguos habitantes prehispánicos, o mejor dicho, a los antiguos pobladores del «Perú» que antes obviamente no era el Perú. Claro, es posible notar estas diferencias si somos peruanos o si somos conocedores de la realidad peruana porque para nuestra sorpresa los extranjeros no perciben esas diferencias. Peruanos residentes en Inglaterra y en Suecia pensaban que todos los vecinos eran ingleses y suecos respectivamente, trujillanos residentes en Italia pensaban que todos los conocidos eran italianos en ese país, también más peruanos residentes en África pensaban que todos eran africanos y turistas alemanes en Perú pensaban que «todos» eran peruanos. La sorpresa fue grande cuando los peruanos en Inglaterra se enteraron de que los supuestos ingleses en realidad pertenecían a diferentes «razas» de polacos, alemanes, suecos, finlandeses, italianos y españoles; los peruanos en Suecia después de cierto tiempo empezaron a percibir «diferentes razas» de albaneses, españoles, curdos y griegos; los trujillanos en Italia aprendieron después de mucho entrenamiento a diferenciar los serbios de los italianos pero nunca aprendieron a identificar a un italiano del sur considerado «inferior» por muchos italianos racistas del norte; los peruanos en África ahora ya pueden «ver» distintas razas africanas que se critican y acusan de muchas cosas y los alemanes visitantes en Perú que sólo pueden ver «una» raza peruana tienen mucho que aprender para aceptar que la ropa y el dinero son partes «intrínsecas» de las razas peruanas y que las razas en el Perú son productos de una percepción mezquina de diferencias subjetivas que cambian según el poder económico y el estatus.

Los racistas europeos peruanos o REP son quienes mayormente detentan el poder y son quienes en esencia mantienen y manejan el injusto modelo sociocultural y socioeconómico del Perú. Pueden cambiar temporalmente ciertos epifenómenos, pero en el largo plazo los REP siempre están tratando de someter y explotar eternamente a los más débiles y pobres circunstanciales.

Ley racista peruana R

La ley racista en el Perú, consecuencia directa del modelo sociocultural y socioeconómico racista impuesto por los REP quienes a su vez son racistas por la crianza racista de sus padres, se puede graficar de la siguiente manera.

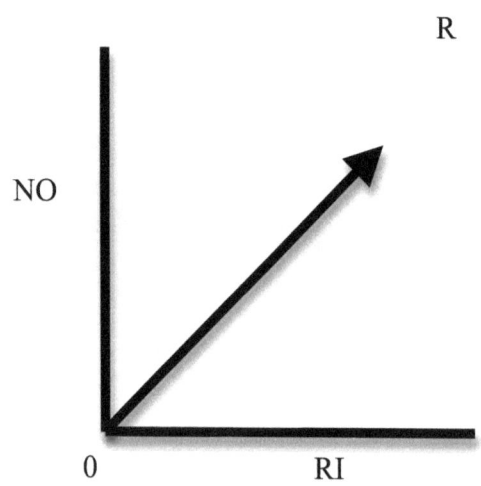

Gráfico 1

Ley racista peruana R

R = ley racista, RI = rasgos indígenas, NO = negación.

Ley racista peruana R

Si todas las demás variables se mantienen constantes o *Ceteris Paribus*, podemos decir que mientras más rasgos considerados «indígenas» presenta una persona, entonces más negación sufrirá dicha persona. En el gráfico 1, si el nivel de la variable RI es mayor, entonces mayor será el nivel de la variable NO; por esto la flecha R es positiva. En otras palabras, en la sociedad peruana plagada de racistas REP se da el hecho de que las personas consideradas más «indígenas» sufren mayor rechazo, mayor exclusión y mayor negación de oportunidades. Esta abstracción representada en el gráfico 1 es necesaria para poder generalizar y para relacionar solamente las dos variables que nos interesan: la causa o variable independiente que es el nivel de rasgos indígenas percibidos o RI y la variable dependiente o efecto que es el nivel de negación y exclusión social o NO. La abstracción permite trabajar solamente con las variables relevantes para nuestro análisis y no con todas las demás variables presentes en la realidad. La abstracción es una generalización que no está divorciada de la realidad sino que más bien nos ayuda a analizarla y explicarla. En nuestro gráfico 1, el nivel de RI o de los rasgos indígenas que los racistas perciben se mide en el eje horizontal y va desde cero hasta el infinito. Mientras más se aleja del 0, entonces más rasgos indígenas son percibidos. Pero estos rasgos no son únicamente fisonómicos o fenotípicos, es decir, no son solamente rasgos físicos sino son también rasgos socioculturales y socioeconómicos e incluyen la ropa, la manera de hablar, la lengua, el poder económico, el estatus social, el parentesco, el apellido, las relaciones sociales, la actitud, las costumbres, las tradiciones, los valores y el círculo social entre otros. Mientras más perciben los racistas europeos peruanos o REP que esta combinación de rasgos es indígena en las personas, entonces producirán más negación y exclusión para impedir la justicia social y el desarrollo de estas personas porque son consideradas inferiores. El nivel de la negación y exclusión «NO» que es la variable dependiente o efecto se mide en el eje vertical del gráfico. Mientras más se aleja de 0, entonces más negación y exclusión. Vemos entonces que la ley racista peruana R es una relación directa o positiva entre las dos variables RI y NO que representan respectivamente dos grupos de hechos: los rasgos socioculturales y socioeconómicos indígenas percibidos (RI) y la negación y exclusión (NO). Repetimos y ampliamos, esta ley nos dice que mientras más rasgos indígenas son percibidos en una persona por la sociedad peruana, entonces más negación y exclusión sufrirá dicha persona. Las probabilidades de que esto ocurra son muy altas. Esta ley racista peruana R no tiene la exactitud matemática de las estadísticas, pero posee la aproximación intuitiva ordinal de las probabilidades.

Por desgracia, los casos que comprueban la ley racista son innumerables en la realidad social cotidiana en el Perú. En las ofertas de trabajo de la sociedad racista peruana que exigen «buena presencia», lo que en realidad se pide es que el candidato tenga menos rasgos considerados «indígenas» y más rasgos considerados «blancos». Si la manera de hablar del candidato al trabajo es de origen serrano o si su vestimenta presenta colores que se alejan de las modas dominantes europeas y estadounidenses, entonces sus oportunidades disminuyen ante un candidato que usa ropa de marcas europeas y estadounidenses y que habla como los de la costa, por ejemplo.

El lenguaje es un elemento cultural poderosísimo. Un comunero de la Comunidad Campesina de Tambomachay que se encuentra situada dentro del Parque Arqueológico de

Sacsayhuamán en Cusco, nos explicaba que los dirigentes campesinos antiguamente hablaban quechua ante las autoridades del Instituto Nacional de Cultura o INC quienes querían expulsarlos porque los «expertos» del INC concluyeron que los campesinos daban «mala imagen» del Perú ante los privilegiados turistas extranjeros. El joven comunero recordaba que cuando las autoridades escuchaban quechua se enojaban y botaban a los dirigentes comuneros de sus propias propiedades. Incluso el INC y el gobierno peruano, mencionó nuestro amigo, construyeron baños «exclusivamente» para el uso de los turistas extranjeros y no para los «indeseados» comuneros peruanos.

Por otro lado, la Marina de Guerra del Perú que es mantenida con los impuestos de todos los peruanos es una de las instituciones más racistas porque acepta en su escuela de oficiales únicamente a personas que tengan pocos rasgos considerados «indígenas» para dar una «buena imagen» del Perú ante el mundo. Estos casos de racismo «oficial» en el Perú no son casos aislados y más bien representan solamente la punta del iceberg racista que impera en la realidad peruana.

Demasiados clubes sociales, oportunidades de trabajo, grupos religiosos, políticas del gobierno, medios de comunicación, leyes laborales, redes sociales del internet, policías, militares, centros comerciales, locales públicos y empresas niegan de una forma u otra a las personas que más rasgos socioculturales y socioeconómicos «indígenas» presentan. Siempre recordamos cuando unos policías y algunos residentes trujillanos se burlaban de un noble señor que transitaba por la calle Gamarra de Trujillo con su sombrero campesino, sus ojotas y su machete. Siempre recordamos cuando en la urbanización Primavera de Trujillo unos niños gritaban ¡serrano sucio! a sus decentes ancianos vecinos porque seguramente autorepetían lo que escuchaban de sus padres.

Innumerables ejemplos, casos y hechos racistas muy similares entre sí prueban contundentemente la cruel realidad y existencia de la ley racista peruana R representada en el gráfico 1. Repetirlos aquí sería hacer una larga lista de lo mismo. Creemos que es mejor que el lector peruano interesado simplemente observe con reflexión a su alrededor porque en el caso del racismo, la realidad por sí misma es mucho más precisa que miles de páginas escritas. Estamos seguros de que los lectores encontrarán muestras del racismo peruano en cada rincón que observen. Y estamos aún más seguros de que cada uno de los peruanos ha sido testigo, víctima o responsable de un acto racista.

Ley pro REP peruana

La ley racista pro REP es exactamente lo contrario.

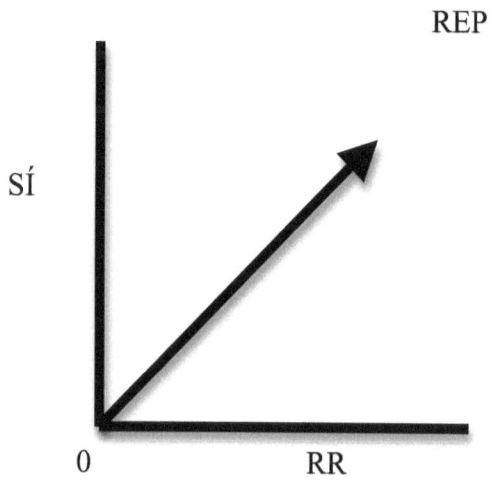

Gráfico 2

Ley pro REP peruana

REP = Ley pro REP, RR = rasgos europeos, SÍ = oportunidades.

Ley pro REP peruana

En la ley pro REP de los racistas europeos peruanos se da el caso de que mientras más rasgos socioculturales y socioeconómicos percibidos como «europeos» presenta la persona, entonces más oportunidades, afirmaciones, posibilidades e inclusiones gozará dicha persona. En el gráfico 2, si el nivel de RR es mayor, entonces el nivel de SÍ será mayor. Por eso la flecha REP es positiva porque las dos variables RR y SÍ tienen una relación directa y positiva. El nivel de la variable independiente o causa RR se mide en el eje horizontal y el nivel de la variable dependiente o efecto SÍ se mide en el eje vertical. Siendo todas las demás variables constantes o *Ceteris Paribus*, el simple hecho de tener más rasgos socioculturales y socioeconómicos percibidos como «europeos» o RR causa mayores oportunidades y posibilidades o SÍ en la sociedad racista peruana pro REP.

Nuevamente es muy fácil encontrar ejemplos de la ley pro REP en la realidad peruana. Personas «mejor» vestidas con ropas de marcas europeas son bien tratadas; personas que hablan como extranjeros son más escuchadas; personas que tienen gustos «refinados» europeos son más simpáticas para los REP; personas con supuesta «buena presencia» (rasgos europeos) son bien tratadas por los empleados, policías y militares; personas con apellidos extranjeros tienen ciertos privilegios para los REP y personas con «abolengo europeo» disfrutan de una agradable hospitalidad REP. Los REP idolatran y aman a sus dioses europeos y estadounidenses: artistas, ropas, seres arquetípicos, ideas, teorías, nombres, vicios, drogas, productos, políticos, libros y muchas cosas más. Los REP afirman y justifican su amor por lo extranjero o xenofilia explicando que el Perú no ha dado nada, que el Perú no ha inventado nada moderno ni útil y que todas las cosas útiles y placenteras han sido creadas mayormente por los «gringos», por los estadounidenses, por los europeos y por los WASP (*White Anglo-Saxon Protestant* o blancos anglosajones protestantes). En esencia, los REP odian lo peruano y aman lo extranjero y solamente sienten simpatía por ciertos placeres peruanos como el cebiche y el pisco sour.

Estas dos leyes racistas peruanas son las causas principales de la injusticia social, la pobreza, el atraso y el subdesarrollo imperantes en el Perú. Los racistas niegan oportunidades a personas productivas e innovadoras que tienen muchos méritos porque «racialmente» no son de su agrado. En lugar de valorar el esfuerzo, los REP dan mayores oportunidades a los que «racialmente» sí son de su agrado y que pertenecen a su misma «clase social». Demasiados racistas REP ocupan cargos públicos y privados influyentes que de alguna manera afectan los futuros profesionales de innumerables jóvenes y los futuros evolutivos de miles de pequeñas y medianas empresas. Los racistas peruanos REP mantienen la supremacía de un grupo reducido de personas y evitan el progreso y desarrollo de la mayoría porque consideran que los «inferiores» no tienen derecho a nada y porque los REP viven de la explotación de dichos «inferiores». Los racistas no quieren gente educada e instruida porque las personas con mayores conocimientos son una «amenaza»; los racistas no desean mejores profesionales ni mejores trabajos para la gente porque quieren tener empleadas domésticas, obreros, choferes, comida y jardineros baratos; los racistas no desean un mejor nivel de vida para la gente «común» porque detestan tener un vecino con dinero que sea «indio», y sobre todo, los racistas quieren siempre gente «de clase baja» alrededor de ellos para sentirse superiores. Los racistas REP son corruptos y roban el dinero de la sociedad peruana porque sus principios dictan que la «chusma» no merece nada y que solamente los «privilegiados» merecen todo lo que el dinero sucio pueda comprar. Los racistas REP causan así el atraso y el subdesarrollo del Perú porque obstaculizan y niegan el surgimiento de gente emprendedora, de profesionales innovadores, de empresas exitosas, de un mercado peruano importante y de un desarrollo humano sostenido.

Perú es un país que carece de buenas escuelas de economía y por lo tanto carece de buenos economistas. En general, la investigación científica y el avance tecnológico son muy precarios en el Perú. La sociedad peruana necesita de la creación de riqueza que es lo más importante para el desarrollo, por desgracia los «economistas REP» se dedican solamente a copiar ideas y teorías foráneas relacionadas con otras realidades socioeconómicas totalmente distintas para la ventaja de unos pocos y la desventaja de la mayoría de peruanos. Las instituciones y escuelas de economía peruanas están plagadas de economistas REP que defienden la supremacía de los considerados «privilegiados» porque solamente aplican teorías y herramientas económicas construidas por dichos seres privilegiados para mantener los modelos socioeconómicos que favorecen a los mismos seres privilegiados y que someten a los desfavorecidos. Economistas que estudiaron en escuelas peruanas o extranjeras han aprendido las mismas teorías que mantienen el eterno modelo de injusticia socioeconómica en el Perú. Muchos malos economistas desean que todos los comuneros campesinos tengan «títulos de propiedad», no porque así capitalizan ya que saben que dichas propiedades no tienen acceso a medios de comunicación o servicios básicos, sino porque estos economistas desean los títulos de propiedad para poder comprar las tierras para las corporaciones que quieren explotar sus

Ley de la anticultura AC

Ley de la anticultura AC

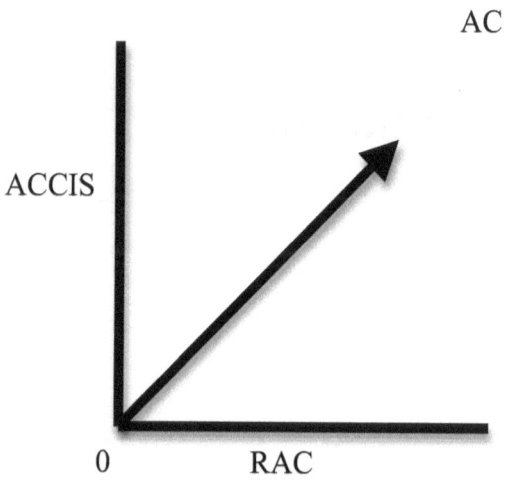

Gráfico 3

Ley de la anticultura AC

AC = ley de la anticultura, RAC = racismo,
ACCIS = injusticia social.

Ley de la anticultura $\Lambda$C

Si todas las demás variables se mantienen constantes o *Ceteris Paribus*, podemos decir que mientras mayor sea el nivel de racismo en una sociedad, entonces mayor será el nivel de injusticia social. En el gráfico 3, un mayor nivel de la variable RAC causa un mayor nivel de la variable ACCIS. Como la cultura es las maneras de vivir «juntos», entonces todo lo que evite este estado cultural es considerado parte de la «anticultura». El racismo siempre causa injusticia social y conflictos y estos a su vez conforman la anticultura debido a que son dos grandes factores que impiden el desarrollo de toda cultura porque «separan y violentan» a las personas. Insistiendo, el mayor nivel de la variable independiente RAC o causa que es el racismo en el eje horizontal causa mayor nivel de la variable dependiente ACCIS o efecto que es la injusticia social en el eje vertical. Esta ley de la anticultura AC relaciona directamente estas dos variables: mayor racismo, entonces mayor injusticia social.

El Perú es un país atiborrado de conflictos socioculturales y violencias absurdas debido a la injusticia social impuesta por el modelo socioeconómico racista de los REP. Todo racista siempre considera solamente a sus «iguales» o a las personas a quien quiere igualar porque son consideradas mejores «racialmente», por esto los racistas con poder en el Perú benefician y protegen intencionalmente a sus «iguales», nada más. Las políticas económicas, regulaciones, proyectos, servicios y más actividades socioeconómicas que afectan a la sociedad, únicamente se realizan en principio para beneficiar a los «iguales», por esta razón las escuelas y centros de salud en zonas habitadas por los «iguales» son de aceptable calidad mientras que las poquísimas escuelas y centros de salud ubicadas en los vecindarios de los que no son «iguales» carecen de un mínimo de aceptabilidad. A los racistas peruanos REP no les interesa el bienestar de los «quechuas, aymaras, amazónicos, serranos, provincianos, indios, cholos» o como quieran llamarlos despectivamente.

Ley de la cultura CU

Ley de la cultura CU

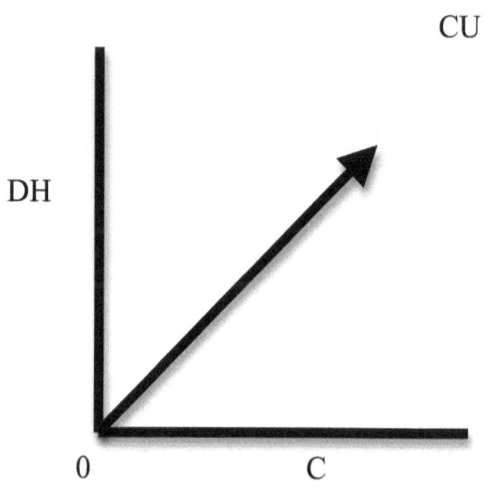

Gráfico 4

Ley de la cultura CU

CU = ley de la cultura, C = cultura,

DH = desarrollo humano.

Ley de la cultura CU

Si todas las demás variables se mantienen constantes o *Ceteris Paribus*, podemos decir que mientras mayor sea el nivel de la variable independiente C o causa que es la cultura, entonces mayor será el nivel de la variable dependiente DH o efecto que es el desarrollo humano. Como la cultura es las maneras de vivir «juntos», todo lo que ayude a este estado de convivencia es considerado parte de la cultura. La justicia social, la equidad, la inclusión y la igualdad de derechos y deberes entre otros son algunos de los grandes factores que permiten el desarrollo de toda cultura porque «unen y juntan» a las personas. Por todo lo anterior es lógico que el mayor nivel de la variable independiente C o causa que es la cultura en el eje horizontal ocasiona un mayor nivel de la variable dependiente DH o consecuencia en el eje vertical que es el desarrollo humano porque el desarrollo humano está compuesto por el nivel de educación, el nivel de ingresos económicos y el nivel de los servicios de salud, entonces lógicamente en una sociedad con mayor nivel cultural que significa mayor justicia social e igualdad para todos, existirá mayor nivel educativo, mejor salud y mejores ingresos económicos, es decir, habrá mayor desarrollo humano. Esta ley de la cultura CU relaciona directamente y positivamete estas dos variables: mayor nivel cultural, entonces mayor nivel de desarrollo humano.

Todo país con buen nivel cultural goza de un buen nivel de desarrollo humano, o lo que es lo mismo, todo país con una manera de vivir «juntos» de alto nivel disfruta de mejor educación, salud e ingresos económicos. Los países escandinavos de Suecia y Noruega son dos excelentes ejemplos porque siempre han estado entre los primeros países con mayor nivel de desarrollo humano del mundo debido a sus modelos socioculturales y socioeconómicos de inclusión social donde todos trabajan juntos para el bienestar de todos. Esto se logra en países donde existe ciudadanía, equidad social, justicia social, políticas económicas sociales, socialismo y democracia. En estos países hay una conciencia del «nosotros». En el Perú de los REP no existe la idea del nosotros, en el Perú de los REP existe la conciencia del nosotros y la negación de los «otros» que en la mente de los racistas son los «otros inferiores». Nosotros son los que se autoconsideran «blancos de origen europeo" y por ende privilegiados, los otros son los considerados «cholos e indios» que no se merecen nada. Tampoco existe la democracia en el Perú porque no se gobierna para la mayoría sino que se gobierna para el beneficio de unos pocos debido a la endémica corrupción. La ciudadanía también está ausente en el Perú donde pocos tienen más derechos y deberes que la mayoría. La equidad social tampoco se conoce en el Perú donde se abusa de los débiles y se adula a los poderosos. La justicia social es la más invisible en un país cuyos gobiernos y grupos de poder solamente se interesan por el beneficio personal. Las políticas económicas aplicadas por los gobernantes no son sociales porque ignoran las necesidades de la sociedad y favorecen las «necesidades» de los corruptos de las empresas privadas y de los organismos públicos. El socialismo tampoco se da en el Perú simplemente porque los astutos REP que se autodenominan «neoliberales» afirman que el socialismo es el comunismo para asustar a la gente desinformada. En otras palabras, las correctas políticas socialistas que practican los países de Estados Unidos, Inglaterra, Japón, Taiwán, Alemania, Francia y casi todos los países desarrollados y no tan desarrollados del mundo con el fin de ayudar y proteger a sus poblaciones, empresarios y trabajadores, el

Perú no lo puede hacer porque pocos empresarios y empleados públicos corruptos REP dicen que es comunismo. Por todo esto y mucho más, el nivel de la cultura en el Perú es muy bajo y consecuentemente el nivel de desarrollo humano es bajísimo también.

Nos parece que los países desarrollados capitalistas y socialdemócratas son más realistas que los países pobres como el Perú. Los países ricos trabajan juntos para el beneficio de su población y no se dejan distraer por visiones corruptas y falsas de progreso y bienestar. Por desgracia, en el Perú ocurre lo contrario y de esto se aprovechan los grupos de poder REP. Los gobiernos de turno en complicidad con los grupos empresariales de poder corruptos realizan obras impactantes visualmente para dar una falsa impresión de progreso. Increíblemente, la gente cae inocentemente en la mediocrísima trampa. Muchísimos piensan que el Perú es ya como los Estados Unidos debido a la presencia de un «*mall*», demasiadas personas creen que Lima es un buen lugar donde vivir gracias a piletas de aguas coloreadas, innumerables individuos opinan que los peruanos comen la mejor comida del mundo porque así lo dice la publicidad y cuantiosas personas están convencidos que el Perú es un país moderno y desarrollado. Los corruptos REP que tienen el poder saben de esta debilidad del poblador peruano y por esto venden imágenes falsas de bienestar. La realidad es cruel en el Perú y la gente no desea verla porque prefiere el placer. Además, los REP que tienen más poder disfrutan de mejores ingresos económicos y difunden la idea de que «todo» el Perú está mejorando si es que ellos mismos están mejorando. La verdad es que la desnutrición ataca a la mayoría de peruanos mal alimentados, la mortalidad infantil es intolerable, la educación en las escuclas es pésima, la gente se muere en accidentes o de enfermedades que son evitables fácilmente y no hay infraestructura adecuada para realizar comercio internacional ni nacional por mencionar solamente algunas deficiencias. Pero esta realidad no la perciben los ilusos peruanos REP que caen siempre en la falacia de la composición: si el vecindario está bien, todo el Perú está bien. Y también los REP no captan la realidad porque para ellos los considerados «pobres cholos e indios» no existen y no cuentan. Desgraciadamente, demasiados pobladores peruanos son cómplices de estas mentiras porque creen que todo el Perú se desarrolla debido a que ven en la televisión conciertos de famosos cantantes e inauguraciones de centros comerciales impresionantes. Es decir, la satisfacción simbólica anula la satisfacción real.

Estas leyes, modelos o principios están muy presentes en la realidad sociocultural y socioeconómica peruana donde los ejemplos abundan. Recordamos las fiestas patrias peruanas celebradas con música criolla hace algunos años en un exclusivo club de Lima. Alguien insinuó que también se debería escuchar «huaynos y música folclórica» porque era una «fiesta peruana». Muchos reclamaron y dijeron que la independencia del Perú era una fiesta «criolla» porque había sido lograda por criollos peruanos, venezolanos, argentinos y chilenos. También muchos presentes afirmaron que la independencia fue hecha por «criollos para criollos» porque los esclavos «negros, cholos e indios» siguieron siendo esclavos. Comparando estos testimonios con muchos otros nos damos cuenta de que todo es coherente porque en muchos lugares de la sierra y de la selva no se celebran las fiestas patrias. Es más, muchas personas de la ciudad amazónica de

Iquitos nos aseguraron que el sueño de los amazónicos era independizarse de la Lima empobrecedora y pertenecer al Brasil progresista. Algunos cusqueños y puneños también nos informaron que ellos no celebraban las fiestas patrias peruanas y que más bien deseaban independizarse del centralismo abusive y empobrecedor limeño. Igualmente, numerosos informantes del norte del país nos confesaron que la independencia del norte del Perú era una muy buena idea debido a que el norte poseía todos los recursos para ser un país independiente y así dejaría de ser una región que sufriera la dominación paralizante de la capital peruana.

Un caso muy triste ha sido el de la oportunista y absurda celebración por parte del gobierno de Lima del supuesto «descubrimiento científico» de Machu Picchu. Nuestros amigos de Cusco nos manifestaron que los cusqueños que recolectaron objetos incas fueron considerados «huaqueros» que significa «ladrones» de sitios arqueológicos, mientras que el «gringo» que vino de la Universidad de Yale y quien se robó todo lo que pudo es hasta ahora un «descubridor» para los «limeños extranjeros». Es oportuno señalar que la Universidad de Yale hasta julio del 2011 no había devuelto casi nada de lo que se robó. Las malas autoridades políticas de Lima en complicidad con los extranjeros han querido dar la impresión de que ya se había devuelto el botín que robó Hiram Bingham. Lamentablemente, todo parece indicar que nunca se devolverán los bienes robados debido a que pertenecen a colecciones privadas de la Universidad de Yale y de familias adineradas.

También existen otros dos casos interesantes del abuso de los racistas REP. El jirón principal del centro histórico de la ciudad de Trujillo se llama Francisco Pizarro en honor al conquistador y criminal español. Ante algunas protestas de algunos trujillanos por este hecho vergonzante y quienes querían cambiar el nombre según algunos testimonios, las autoridades municipales reaccionaron y les insultaron por su atrevimiento y defendieron al español diciendo que Pizarro debería haber matado más «indios». Lo mismo ocurrió cuando muchos trujillanos protestaron por el cambio de nombre de la avenida Libertad que era la avenida de la Universidad Nacional de Trujillo. Las autoridades en complicidad con un grupo de religiosos católicos borraron el hermoso nombre de Libertad e impusieron el nombre del papa Juan Pablo II. De acuerdo también con algunos testimonios, los racistas católicos exclamaron que los denominados «cholos» no deberían reclamar nada.

En el sur del Perú se da un fuerte antagonismo entre quechuas, aymaras y mistis por lo que las relaciones entre estas naciones son conflictivas debido a los abusos y racismos imperantes en la región. Los mistis o mestizos buscan sus raíces en España y desprecian a los aymaras y quechuas. Los aymaras y quechuas quieren expresar sus culturas y anhelan liberarse del dominio de los mistis. Los quechuas y aymaras afirman que los gobernantes mistis siempre están haciendo negocios personales aprovechándose de sus posiciones políticas para ganar dinero en lugar de gobernar para la sociedad en general. Los quechuas y aymaras viven generalmente en pobreza debido a la ineficiencia de los gobiernos peruanos que no han usado racionalmente el dinero estatal. Muchos recursos estatales que pertenecen a todos los peruanos se pierden en la maraña de la corrupción y de la mediocridad de los gobiernos nacionales, regionales y locales. Por otro lado, los mestizos o mistis se quejan de que los denominados «indios y cholos» son racistas agresivos en contra de ellos porque son resentidos sociales. Numerosos informantes nos dijeron que en Perú era normal ser un resentido social, es decir, era normal sentirse maltratado por la sociedad debido a la injusticia y al abuso imperantes.

Sabemos que la realidad es más importante que la ficción y que esta por más fantasiosa que sea nunca alcanza a aquella. Pero a falta de recursos para viajar y vivir la realidad, podemos leer excelentes libros literarios peruanos con el fin de tener una cierta idea del racismo imperante en el Perú. Algunos libros de los grandes escritores clásicos peruanos son *Redoble por Rancas* (1970) de Manuel Scorza, *Agua* (1935) de José María Arguedas, *Los Perros Hambrientos* (1939) de Ciro Alegría y *El Tungsteno* (1931) de César Vallejo. Estos libros son intemporales y cuando los leemos ahora en este siglo XXI nos sorprendemos de que el Perú aún no se haya liberado del racismo criminal imperante. Eso sí, debemos tener presente que las trágicas historias narradas en estos libros son muy suaves en comparación con las vidas cotidianas de los peruanos que sufren el racismo en el Perú hoy en día.

También nos viene a la memoria el libro *Amazonía 500 años* del antropólogo Oscar Paredes Pando. Allí se puede identificar las políticas racistas de los gobiernos peruanos en general y las declaraciones del ex presidente y conocido racista peruano Fernando Belaúnde quien llamaba «salvajes y primitivos» a los habitantes del Amazonas peruano porque reclamaban sus derechos ante los abusos del gobierno y de las empresas privadas. También los gobiernos de Alan García, Alberto Fujimori y Alejandro Toledo han maltratado a los amazónicos, siendo el gobierno de García el que mayores crímenes ha cometido. En general, a los gobiernos peruanos no les importa los habitantes que no tienen poder político ni poder económico y que son considerados «cholos e indígenas».

Cabe scñalar que en nuestros trabajos de campo en la amazonía hemos tenido la suerte de haber conocido a mucha gente amable de la selva amazónica y hemos tenido el honor de haber sido dignos de su hospitalidad, generosidad y cariño.

## Feos, pobres, sucios, brutos y malos

Saber quiénes pertenecen a las supuestas «razas inferiores» según los racistas REP es una tarea muy difícil y confusa. Cuando tratamos de saber quiénes eran los denominados «cholos» descubrimos que nadie era cholo y que los cholos eran siempre «los otros». Lo mismo ocurrió cuando quisimos conocer a quiénes se les llamaba «indio». Los racistas europeos peruanos REP fueron los únicos que no tenían «dudas» de quién era quién en el Perú. Bueno, «para ellos» fue así. Muchos racistas REP reconocieron como «cholos» a otros racistas REP que no se consideraban cholos y que más bien estaban convencidos de que los cholos eran otros racistas REP que a su vez afirmaban que los cholos eran otros y así sucesivamente hacia el infinito.

Sea como fuere, los REP que se autoconsideraban «blancos» descendientes de europeos y menospreciaban a los peruanos que «no lo eran», nos confesaron que ellos no querían relacionarse de igual a igual con los «cholos, mestizos, indios y negros» porque estos individuos eran «ignorantes sin educación, feos físicamente, sucios sin buenos hábitos higiénicos, pobres porque no trabajaban bien y porque además eran malos y resentidos sociales». Debemos reconocer y aclarar que los términos usados por los REP eran extremadamente ofensivos y soeces por lo que decidimos no repetirlos en esta publicación. Cuando los REP trataron de explicar estas «etiquetas e insultos», los REP dijeron que así era el «destino» de los desafortunados peruanos con demasiados rasgos peruanos. Es decir, solamente estaban «autorepitiendo» una reacción motora automática aprendida de sus padres REP cuando eran niños.

Los REP afirmaban que era «obvia» la
«realidad», que era «fácil» observar dichas
«caraterísticas evidentes». Estos puntos de vista
de los mismos protagonistas REP o puntos de
vista emic como se les llama en antropología
eran muy subjetivos y carecían de análisis. A
veces los puntos de vista emic de los
protagonistas son objetivos y por lo tanto
concuerdan con los puntos de vista etic de los
observadores antropólogos que tratan de ser
siempre objetivos y sujetos a verificación. Pero
las opiniones de los REP que consideraban a las
«razas inferiores» como feas, pobres, sucias,
brutas y malas, ni siquiera tenían una simple
justificación. Los REP manifestaban que «los
indios eran brutos porque eran brutos»,
tautología o repetición hueca que no tiene
ninguna validez. Además, ni siquiera podían
definir quienes eran los «indios». Los REP
también creían en falacias comunes para darles
razón a sus sinrazones. Afirmaban que todos

«los cholos eran malos» porque ellos habían tenido malas experiencias con uno de ellos, construyéndose así la falacia de composición que considera que lo general es lo mismo que lo particular, es decir, si un individuo es de una manera particular, entonces todos sus semejantes y connacionales serán iguales. Los REP también afirmaban que como todos «los indios eran brutos», entonces cada indio que ellos encontraban era bruto, formándose así la falacia de división que considera que si un grupo es malo, entonces todos sus miembros son malos. Para colmo, estas falacias de los racistas encima están basadas en prejuicios maliciosos que no tienen ningún sustento racional ni empírico.

Para darles mayor jerarquía y credibilidad a sus opiniones, los REP entrevistados mencionaron estudios científicos de grandes científicos extranjeros que habían descubierto el porqué de las diferencias raciales.

Los REP solamente mencionaron algunas teorías neoevolucionistas y nombres en inglés pero no pudieron explicar qué significaban dichas palabras impresionantes. A esta forma errónea de pensar se le llama falacia nomotética y consiste en sólo «nombrar» una teoría con agradable satisfacción simbólica para explicar un fenómeno real sin comprender qué significa realmente dicha teoría.

En realidad, los REP simplemente autorepetían lo que habían escuchado de sus padres REP. Autorepetir es decir o hacer lo mismo que otros dicen o hacen como si fuese cierto y sin razonar en lo que se dice o se hace. La autorepetición es automática y es un reflejo y una reacción sin control consciente. Así como algunas mamás enseñan a sus niños a gritar de miedo cuando ven algo que se teme, las mamás REP enseñan a sus niños a despreciar a otras personas consideradas de «razas inferiores». Por desgracia, demasiados adultos autorepiten el racismo aprendido en su niñez, abundantes personas autorepiten muchas necedades sin razonar y muchísimos REP autorepiten supuestas teorías científicas que no lo son.

En nuestros trabajos de campo hemos podido observar infinitas situaciones y recolectar muchísimos datos útiles como ejemplos que comprueban el racismo particular en el Perú originado en la crianza xenófila al estilo REP. Madres que idolatran a actores porque son «rubios, altos y hermosos»; padres que insultan a los vendedores ambulantes por ser «obscuros»; abuelos que defienden la matanza de los «nativos» de la selva para permitir las explotaciones mineras; mamás que evitan que sus hijos se junten con personas «ordinarias»; papás que rechazan los amiguitos de sus niños por ser de «ciertas razas» y padres que odian a sus parientes por ser considerados «cholos, indios y mestizos».

Casos pintorescos son el desprecio que algunos racistas europeos peruanos REP tenían en contra de los considerados «serranos» que comían bizcochos con helado en la hermosa ciudad andina de Cajabamba. Los mismos REP reconocieron que ellos finalmente comieron los bizcochos con helado tiempo más tarde en Italia porque en realidad habían resultado ser una «exquisitez europea». De forma similar otros REP reconocieron que cuando observan que un considerado «cholo» baila una música que sea para «blancos» o viste ropa europea para «blancos» piensan que «ese cholo es un huachafo». Huachafo, explicaron los REP, es alguien que tiene mal gusto en su forma de vestirse y trata de impresionar como sea con vestimenta cara que está «a la moda» pero no puede hacerlo porque no tiene «clase o buen gusto». Los REP creen que los «blancos» vestidos a la moda europea tienen «buen gusto» mientras que los «cholos» vestidos con la misma moda europea son unos «huachafos». La razón que dieron para explicar esta contradicción es que «los cholos son cholos», autorepetición tautológica aprendida de los padres REP que no significa nada racional. Estos casos se repitieron y se repitieron en todo lugar y en todo momento durante la recolección de datos para el presente libro. Efectivamente, todos los ejemplos expuestos en este pequeño libro son representativos de, sin exagerar, miles de casos que se repetían una y otra vez.

Personas entrevistadas y observadas que eran hijos de europeos recién llegados al Perú no mostraron dichas reacciones racistas aprendidas por los REP. Solamente un pequeño grupo de chicas nacidas en Europa y criadas en el Perú sí mostraron reacciones adversas racistas en contra de los supuestos «cholos e indios». El racismo se aprende, y sobre todo, se lo hereda culturalmente de los padres, pero en el caso de estas últimas chicas europeas criadas en el Perú parece ser que las influencias de sus amigos racistas peruanos y de la atmósfera cultural racista peruana fueron las causas de su racismo aprendido en el Perú debido a que no encontramos evidencias de racismo en sus padres.

Es cierto que demasiados empresarios REP con sus comerciales racistas en la desdichada y pésima televisión peruana y sus políticas laborales injustas también propagan mensajes subliminales racistas en todo momento y en todo lugar. Estos influyentes personajes REP lo hacen sustancialmente porque sus padres les enseñaron a ser racistas. Los dueños de las empresas afirman que «el racismo es rentable» porque la gente quiere ser como los modelos «euroestadounidenses» de los comerciales que representan el estilo de vida estadounidense y europeo. Por esta razón, explican, los consumidores compran los productos «euroestadounidenses» porque desean transformarse en los modelos por imitación. Pero observamos que esos comerciales racistas que abundan en la grotesca televisión peruana también difunden el mensaje subliminal «no ser euroestadounidense es ser inferior» que sobaja, estigmatiza y estereotipa a la mayoría de peruanos. Los astutos empresarios REP logran así vender sus productos y mantener una mano de obra barata.

Nosotros también hemos recolectado información de personas que identifican otros racismos presentes en el Perú pero en menor medida. Estos informantes mencionan a los racistas asiáticos peruanos o RAP quienes se consideran superiores por ser descendientes de japoneses principalmente y tratan de no relacionarse con los considerados «muy peruanos» porque supuestamente «contaminan» la sangre pura japonesa. Muchos informantes nos aseguraron que los descendientes de japoneses tratan en lo posible de socializar con descendientes de japoneses solamente y que lo ideal es formar una familia de sangre japonesa. Algunos peruanos con sangre japonesa entrevistados por nosotros nos comentaron que ellos admiran al Japón porque es un país desarrollado y que ellos no sienten mucho respeto por la cultura peruana porque no es una cultura progresista.

También algunos informantes nos comunicaron que los racistas indígenas peruanos o RIP existen y que van en aumento. Los testimonios aseguran que los RIP evitan a los considerados REP quienes se autoconsideran «blancos europeos» porque son «abusivos, explotadores y violentos». Los racistas RIP consideran que los racistas «mistis y blancos REP» son inferiores porque no han trabajado para ganarse la vida sino que han robado el trabajo de otros, ejemplos que ellos mencionan son los numerosos empresarios explotadores, compañías mineras criminales y los hacendados quienes todos sin excepción robaron tierras de los menos favorecidos. Se usa el término indígena porque muchas personas que se consideran nativas y descendientes de los antiguos pobladores prehispánicos adoptan y usan la palabra indígena para nominar a sus asociaciones quizá por política o asuntos prácticos, pero eso sí, nadie quiere ser llamado indígena o indio. Los RIP o racistas indígenas peruanos perciben a todos los REP como malos, sucios, feos, brutos, ignorantes, explotadores, abusivos y violentos. Malos porque son egoístas e injustos, sucios porque contaminan la madre tierra o pachamama, feos porque son imágenes del mal, brutos porque no entienden razonamientos de justicia social, ignorantes porque insultan y ofenden, explotadores porque desean mano de obra barata mal pagada, abusivos porque se aprovechan de los débiles y violentos porque usan a los gobiernos y a las fuerzas de la ley para someter a los que protestan. Los RIP recuerdan las historias contadas por sus padres quienes a su vez las escucharon de sus abuelos. Estas historias recuerdan la llegada del «hombre blanco extranjero» en busca de las riquezas materiales locales. El hombre blanco extranjero llegó con sus armas poderosas, su codicia infinita y su maldad diabólica necesarias para eliminar a todo aquel que se atreva a reclamar algo. El hombre blanco extranjero llegó a robar los minerales, los árboles, las tierras, los ríos, los animales y las vidas terrenales de la gente local. Felizmente los invasores no lograron robar la identidad y la memoria que hasta ahora perduran en las mentes de los pobladores antiguos del Perú. Los RIP recuerdan a través de su milenaria tradición oral cómo sus ancestros fueron esclavizados, torturados y asesinados con el único fin de robar riquezas ajenas. Los RIP tienen siempre presente que los hacendados robaron y mataron con el fin de instalar sus haciendas, los sacerdotes católicos lo hicieron para tener sus templos y propiedades, los empresarios para tener su caucho y su oro y los gobernantes para tener sus millones de sucio dinero. Los RIP también son muy conscientes de que el abuso y la explotación no son hechos del pasado sino que continúan e incluso están en aumento, además, los RIP están convencidos de que el «blanco es blanco siempre» y si en algo cambia es para explotar y abusar más y más.

También fuimos informados de la existencia de otros grupos racistas en el Perú tales como los racistas judíos peruanos o RUP quienes se creen «privilegiados» porque así les enseñaron en los cursos de religión cuando eran pequeños y los racistas de la capital peruana o RCP quienes se sienten «superiores» por vivir en Lima y que odian a los provincianos generándose así una especie más extraña de «racismo geopolítico». El racismo geopolítico quiere decir que ciertas personas se creen superiores porque viven en centros geográficos con mayor poder político y llegan a percibir a las personas «provincianas» como «razas inferiores». La gente RCP que vive en la capital peruana, por ejemplo, se siente superior a la gente que no vive en la capital simplemente porque la ciudad de Lima es muy grande y sede del gobierno central. Estos «racistas geopolíticos» llegan a percibir una raza «diferente» en los «provincianos» de una manera siempre totalmente irreal. Muchos informantes cusqueños que trabajan en empresas turísticas se quejan de que lamentablemente los RCP limeños prepotentes abundan en Cusco.

Una persona sensata y decente sabe que hay seres humanos solamente y que los racistas son los que maliciosamente perciben diferentes razas superiores e inferiores. Las personas honestas y humanitarias perciben seres humanos dignos del mismo trato y la misma justicia mientras que los racistas por el contrario perciben razas con privilegios y razas sin privilegios. Pero las personas decentes también viven en la atmósfera cultural plagada de terminologías y clasificaciones raciológicas, entonces dichas personas sensatas y decentes por practicidad utilizarán de una manera crítica y no racista en lo posible dichos vocabularios originados en las clasificaciones raciológicas. Por eso, las personas decentes saben que a las personas de «diferentes» rasgos se las debe juzgar por sus obras y no por su «raza», que los virtuosos y héroes pertenecen a todas las «razas» y que igualmente los racistas pueden pertenecer a cualquier «raza». También las personas decentes saben que el hombre racista que detenta el poder por ahora domina porque tiene una ventaja esencial: armas más poderosas.

## Los grandes ecualizadores

El ecualizador social es un elemento que «iguala» a las personas. Existen ecualizadores sociales naturales como algunas catástrofes naturales que atacan a todos por igual y ecualizadores sociales culturales como el derecho universal al voto electoral.

En algunas sociedades como la estadounidense se dice que la muerte es un gran ecualizador social natural porque afecta a todos por igual. En el Perú no se da mucho esto por la enorme desigualdad social y la atención médica diferenciada. Algunos peruanos mueren con calidad y otros mueren de una forma terrible. En la comunidad campesina de Tambomachay durante nuestra permanencia de tres años y medio fuimos testigos de la muerte de varios comuneros quienes tenían enfermedades terminales debido a una falta de atención médica adecuada preventiva que estaba disponible en la ciudad cercana del Cusco pero que se les negaba por ser «pobres indios campesinos».

Las enfermedades forman otro gran ecualizador social natural, afirman en países ricos como Suecia. Las enfermedades afectan a todos por igual y nadie puede evitarlo, aseguran los expertos suecos. Por desgracia, el Perú no es un país donde exista políticas sociales justas para todos. Los suecos pagan muchos impuestos para el bienestar de todos, en Perú por el contrario, el grupo no quiere responsabilizarse de todos y además los impuestos son mal usados debido a la corrupción y a la incompetencia. En el Perú, las enfermedades no igualan; en el Perú, las enfermedades más crueles matan mucho más a los denominados «pobres indios» que tienen menos «poder». En uno de nuestros viajes en octubre del 2009 presenciamos cómo el personal del aeropuerto internacional de la ciudad del Callao estaba bien equipada para evitar que la gripe porcina contagie a la gente de la capital peruana. Los periódicos de la capital habían publicado que los «peruanos» estaban muy preocupados porque la gripe porcina ya había atacado a un miembro de una familia de buenos ingresos económicos de Lima. Por todo eso el gobierno de turno decidió tomar «todas» las medidas necesarias para evitar alguna «tragedia». Por las mismas fechas, más de cien niños habían fallecido por el frío en departamentos de la sierra del Perú, es más, estas muertes de niños en la sierra peruana venían sucediendo todos los años y los diferentes gobiernos no tomaban las medidas necesarias. Hicimos algunas preguntas a algunas autoridades de la capital peruana y no dieron respuestas a esta contradicción. Los que sí dieron respuestas para explicar estos injustos hechos fueron algunos empleados de organizaciones de salud del gobierno quienes nos aseguraron que los gobiernos peruanos no se interesan en la gente pobre porque estos no tienen voz pública ni poder para comunicar sus problemas a la sociedad.

Un excelente ecualizador social cultural nombrado en muchos otros países desarrollados es la educación. La gente que estudia y obtiene grados académicos tiene mejores trabajos, escapa de la pobreza y por lo tanto llega a formar parte de la clase media, expresan algunos conocedores del tema. La población de países desarrollados recibe una educación oficial similar en todas las regiones y provincias, y además, sus gobiernos hacen su verdadero trabajo de servicio público porque cumplen con la obligación de apoyar a la escuelas para la educación de los ciudadanos con el dinero de los mismos ciudadanos recolectados a través de impuestos. Tampoco todo lo menciodado es el caso del Perú. Desgraciadamente, el Perú es un país donde gran parte de los impuestos se «pierde» en mediocridad y en corrupción, y peor aún, los empleados públicos REP no desean que los «inferiores indios y cholos» estudien porque no toleran que sean sus «iguales o superiores». Las pocas escuelas ubicadas en zonas consideradas «indígenas» son viejas paredes inestables, inseguras puertas rajadas y arrugados pisos desnudos. Miles de miles de niños pierden la oportunidad de estudiar debido a que no hay escuelas ni profesores y los niños que tienen la suerte de asistir a clases caminan varios kilómetros para sentarse en duras piedras, escribir sobre sus rodillas y sufrir de hambre a la hora del «almuerzo» porque las «escuelas para indios pobres» no tienen comedores, sillas ni carpetas.

El voto universal en las elecciones democráticas es el ecualizador social cultural por antonomasia según muchos colegas estudiosos de los ecualizadores sociales. Una vez más nos encontramos con la ingrata sorpresa de que este ecualizador social cultural tampoco se cumple en el Perú porque en este país los millones de votos de personas pobres trabajadoras valen menos que el único voto de un corrupto empresario allegado al gobierno que desea la promulgación de una ley para beneficio propio.

Hemos mencionado pocos ecualizadores sociales que de ninguna manera son totalmente satisfactorios debido a que no se cumplen adecuadamente. Algunos ejemplos de más ecualizadores sociales son: los sentimientos, el estrés, el dolor, el trabajo, la religión, el patriotismo, el fútbol, la guerra, el amor, las leyes, el alcohol, el sexo y las necesidades fisiológicas.

¿Cuál puede ser un ecualizador social apropiado en el Perú que ayude a que el racismo y las desigualdades absurdas desaparezcan?

Justicia social es el mejor de los ecualizadores sociales porque ha demostrado ser eficaz en sociedades ricas y pobres. Justicia social significa equidad, educación, salud, salarios dignos, derechos humanos e igualdad ante la ley para todos, pero el principal obstáculo para que haya justicia social en el Perú es el racista REP. Los sórdidos racistas REP que abundan en las clases económicas pudientes no quieren justicia social en el Perú porque no quieren «igualdad ni igualados». En la estructura mental de los REP no existe la humanidad, en la estructura mental de los REP existe la «gente» que sí vale por un lado y los inferiores «indios, cholos y negros» por otro lado.

Para lograr la justicia social en el Perú se debe extirpar el racismo de la estructura mental de los REP y de todos los racistas. La tarea es difícil, pero no imposible.

## Liberarse es vivir

La contaminación sociocultural racista imperante en la sociedad peruana se ha mantenido constante por muchos siglos y ha afectado de una forma terrible a la mayoría de la población. Esta contaminación racista ha bombardeado a las mentes de las personas durante todas sus vidas. Las nocivas ideas racistas se han impregnado con fuerza en los niveles más profundos de las mentes de los niños susceptibles y sensibles. Las ideas racistas propagadas por malas personas se han «materializado» en las estructuras cerebrales de estos niños y ya forman parte de su estructura mental. Los racistas comprenden la realidad sociocultural sobre la base de estas ideas racistas debido a que el racismo es parte de su estructura mental. La división del trabajo, los diferentes roles de las personas, las clases sociales, los castigos a ciertos delincuentes, la organización social, las relaciones interculturales, las guerras, los negocios internacionales, la globalización, el abuso de inocentes y los privilegios son justificados sobre la base de la estructura mental de los racistas. Los salarios indignos y abusivos de los «indios» son «justos» para los racistas; las condiciones precarias de trabajo de los «cholos» son «aceptables» para los racistas; el maltrato a los «inferiores nativos» por parte del gobierno es «adecuado» para los racistas REP; el asesinato de policías «cholos» no es «importante» para los REP y la pena de cárcel para los REP «delincuentes» que pertenecen a «buenas familias» es un sacrilegio para los REP.

El racismo incrustado y materializado en la estructura mental de los racistas REP es extremadamente difícil de limpiar. Los padres racistas REP siempre han enseñado a sus niños a reconocer y despreciar a los considerados «cholos, negros e indios». Los empresarios racistas REP han contagiado a todos sus seguidores con el rechazo racista a los supuestos pobladores inferiores. Los medios de comunicación racistas REP han vendido la imagen retorcida racista que ridiculiza y menosprecia a los considerados «autóctonos». El aprendizaje del racismo REP dura toda la vida y se realiza de una manera inconsciente en gran medida. Extirpar ese racismo de toda la vida es una tarea muy difícil de hacer. Los racistas solamente autorepiten huecamente lo que aprendieron de una manera irreflexiva, ni más ni menos. Liberarse de tan vil, nocivo e inhumano hábito autorepetitivo es una tarea que requiere de un cuidadoso autoanálisis y de un poco de decencia. Es cierto que la brutal huella dejada por los innumerables mensajes subliminales racistas bombardeados por los padres y la sociedad REP es muy difícil de borrar, pero al menos se puede evitar las despreciables y terribles consecuencias. Ilegalizar, denunciar, prevenir, evitar y castigar el racismo es una obligación urgente en un país tan pobre como el Perú donde se necesita verdaderos ciudadanos creadores de bienestar y de calidad de vida. Tal vez sea por ahora demasiado difícil erradicar el racismo de las mentes de los racistas, pero al menos podemos evitar sus manifestaciones anticulturales y sus consecuencias destructivas.

Existen casos probados de erradicación del racismo de las mentes de perversos ex racistas que vivieron siempre en una atmósfera anticultural contaminada de odio y repugnancia. Racistas peruanos REP han podido liberarse del implacable hábito irracional del racismo peruano a pesar de haber sido criados por madres racistas religiosas que rezaban bien enjoyadas golpeándose el pecho en los templos pero que pagaban irrisorios salarios a sus maltratados empleados. Es cierto que estos peruanos quienes eligieron la dignidad han tenido que romper las relaciones con algunos familiares y amigos en muchos casos, pero ellos mismos afirman que valió totalmente la pena. Estas personas que fueron racistas REP alguna vez, ahora perciben únicamente seres humanos ciudadanos con derechos y deberes. Es sorprendente presenciar cómo el cambio desde una vulgar percepción llena de odios gratuitos hacia una percepción sincera puede liberar y dignificar a las personas.

La raza en la realidad social es una construcción cultural. La raza popular no es la raza de los científicos que se interesan en temas taxonómicos, las razas populares de las personas en general son una «invención de los racistas» porque no constituyen taxonomías o clasificaciones biológicas sino porque son sencillamente prejuicios y estereotipos en contra de ciertas culturas o maneras de vivir juntos que supuestamente son inferiores.

El antropólogo por ser un experto en temas socioculturales es uno de los profesionales que tiene la responsabilidad de evitar los «conflictos percibidos como raciales» que se avecinan con mayor intensidad. Con mejores comunicaciones y tecnologías como el internet, los racistas pueden propagar y difundir sus ideas sin los peligros de la identificación y la censura. Los racistas pueden expresar anónimamente sus ideas de odio desde sus casas porque ahora los racistas tienen armas más poderosas para crear más racismo. Los antropólogos son los llamados para ayudar a solucionar el problema del racismo que está creciendo en la comunidad virtual cibernética global y que ocasiona consecuencias destructivas en la comunidad real mundial. Los antropólogos peruanos en particular son los profesionales preparados para exterminar el racismo institucionalizado que impera en la sociedad peruana.

El racismo global a escala mundial se repite en el racismo peruano a menor escala de una manera muy similar. Y el racismo a escala del país peruano igualmente se repite a escalas inferiores de una forma semejante en las diferentes regiones. Es más, el racismo en ciudades y en comunidades también se repite de manera semejante pero a más pequeñas escalas de modo sorprendente. Y otra vez al observar pequeños grupos humanos, creemos que el racismo global y nacional se repite con las mismas características a ínfima escala en dichos grupos de personas. Es decir, se genera una especie de «fractales racistas» en la sociedad peruana que presentan los mismos aspectos generales de los racismos mundiales a gran escala. A nivel mundial «ciertas razas de ciertos centros de poder» percibidas por los racistas gozan de mayor valor simbólico, en el Perú se da lo mismo a nivel nacional, regional, urbano, comunitario y grupal. A nivel mundial ciertas sociedades racistas que se autoconsideran «razas superiores» abusan de las que consideran «razas inferiores», en Perú se repite lo mismo a menor escala en diferentes niveles. Políticos de países que se consideran centrales y de «razas superiores más civilizadas» invaden y someten a países considerados menos civilizados y de «razas inferiores». En el Perú se genera casi idénticamente lo mismo cuando los políticos de la capital peruana o de las ciudades centrales creen que son «racialmente superiores» y más «civilizados» y que por lo tanto tienen el derecho de agredir a los pueblos pequeños porque estos son «primitivos» y están habitados por «razas inferiores de cholos e indios».

También es interesante señalar brevemente la opinión de un racista REP que es compartida por muchos. Según su testimonio y sus propias palabras, los racistas peruanos imitan a los miembros de las clases socioeconómicas «bajas» de los Estados Unidos de América. Según nuestro informante, los racistas peruanos REP que se autoconsideran «blancos» sueñan y desean ser motociclistas de vistosas Harley-Davidsons; gustan de tatuajes originales en el cuerpo; comen en cadenas de comida rápida como McDonald's y Kentucky Fried Chiken; idolatran franquicias y negocios tales como Walmart, Starbucks y Pizza Hut; calzan zapatillas multicolores de marcas estadounidenses; visten ropas de marcas estadounidenses populares con el logo a la vista para que todos lo vean; gustan de los pantalones que caen debajo de la cintura; escuchan música *rap* en inglés; anhelan poseer vistosos carros y embarcaciones de pesca; están orgullosos de sus inmensos televisores ultra modernos; manejan carros ruidosos escuchando música a volumen alto; se sienten cómodos cuando usan gorras, zapatillas y *jeans*; beben cerveza, comen parrilladas y ven programas de entretenimiento en la televisión. Nuestro informante racista REP quien vivió en los Estados Unidos de América por muchos años nos confesó que todos estos gustos y preferencias de los racistas peruanos REP quienes se creen «blancos capitalistas de clase alta» son exactamente los mismos gustos y preferencias de las clases «bajas» de los Estados Unidos de América. Nos explica más o menos así con sus palabras racistas nuestro informante REP que los «negros, hispanos y gringos sin educación y con tendencias criminales» de los Estados Unidos de América son pandilleros, traficantes y motociclistas de Harley-Davidsons; se cubren con tatuajes el cuerpo; comen en cadenas de comida chatarra y que por esta razón son en su mayoría obesos; aman las franquicias y cadenas de negocios porque son baratas;

calzan zapatillas caras de colores llamativos; visten ropas de marcas populares con el logo bien ubicado para que sea percibido fácilmente; llevan los pantalones caídos para mostrar sus ropas interiores; escuchan música *rap* que expresan mensajes delincuenciales, insultos, ofensas y frases soeces; desean o poseen carros llamativos y botes de pesca; compran televisores muy modernos; usan gorras, zapatillas, polos y *jeans*; toman cerveza, comen parrilladas e igualmente ven MTV, CNN y programas tontos de entretenimiento en la televisión. Nuestro informante nos afirmó que, sin lugar a dudas, los racistas peruanos REP son «exactamente iguales» a la clase «baja» de los Estados Unidos de América. Es decir, aclaró nuestro testigo REP, los que se creen de clase «alta» en el Perú imitan tontamente a los miembros de la clase «baja» estadounidense.

Las consecuencias del racismo son extremadamente negativas y perjudiciales para la calidad de vida, el progreso, la justicia social y el desarrollo humano. El racismo causa sufrimiento, conflictos sociales y violencia empobrecedores en lugar de causar una convivencia productiva y pacífica. Esto sucede en todos los países del mundo por ser una ley sociocultural general. Los racistas aprendieron el racismo de otros racistas en su infancia, sobre todo de sus padres racistas quienes también aprendieron en su niñez del mismo modo el racismo repugnante que siempre implica la idea de superioridad. Por este motivo, los racistas tienen el racismo incorporado en sus estructuras mentales y solamente autorepiten actidudes racistas de una manera irracional. Podemos afirmar que todo lo anterior constituye una ley o principio general que está pesente en todas las sociedades racistas del mundo. Además, los racistas causan pobreza en todas las sociedades racistas del mundo debido a que niegan educación, derechos, justicia social, desarrollo humano, salud y productividad a las personas consideradas inferiores. Los racistas desean que los considerados inferiores sean pobres, en otras palabras, los racistas son los generadores de pobreza en el mundo. Los racistas no perciben humanidad, los racistas perciben gente supuestamente superior por un lado y cuasi personas inferiores por el otro.

# Bibliografía

Alegría, Ciro
[1939] 1996 *Los Perros Hambrientos.*
Madrid: Cátedra.

Arguedas, José María
[1935] 1981 *Agua.* Lima: Horizonte.

González Prada, Manuel
[1908] 1976 *Páginas Libres. Horas de Lucha.* Biblioteca Ayacucho.

Paredes Pando, Oscar
1996 *Amazonía 500 años.* Cusco: Editorial Universitaria

Sabogal, Ricardo L

    2002 *El Turista Equivocado*. Trujillo:
    Universidad Nacional de Trujillo.


Scorza, Manuel

    [1970] 2005 *Redoble por Rancas*.
    México: Siglo XXI Editores

Vallejo, César

    [1931] 2002 *El Tungsteno*. Navarra:
    Ediciones Eunate

# Índice Analítico

## A

aborígenes · 37
África · 76
Alegría · 121, 163
Alemania · 41, 112
anticultura · 27, 101, 102,
103
antropólogo · 25, 61, 70,
122, 154
apellido · 43, 82
Areche · 48, 49, 50
Argentina · 47
Arguedas · 70, 121, 163
Atahualpa · 45
atracción · 38
Australia · 38
Autóctono · 45
autorepetición · 59, 129,
132
aymaras · 105, 119

## B

Belaúnde · 122
Bingham · 70, 118
biología · 43, 67
Brasil · 72, 117

## C

Cajamarca · 43, 69
campesinos · 69, 73, 74,
85, 96, 142
Chiclayo · 43
China · 38
cholos · 37, 40, 41, 42, 45,
47, 55, 66, 68, 69, 71,
72, 73, 105, 111, 115,
116, 119, 120, 122,
125, 126, 128, 130,
131, 132, 145, 148,
150, 151, 156
ciudadanía · 43, 44, 111
colonia · 57
comunismo · 112
conquistadores · 66
contaminación · 57, 65,
149
corrupción · 54, 111, 120,
142, 145
creatividad · 100
criollos · 37, 41, 48, 116
cultura · 25, 26, 37, 47, 52,
67, 103, 107, 108, 109,
113, 135
Cusco · 18, 42, 47, 49, 69,
71, 85, 117, 139, 142,
163

# D

democracia · 111
desarrollo humano · 95,
  108, 109, 110, 160
dominación · 117

# E

economía · 18, 39, 95, 98
Economistas · 96, 98
ecualizador · 141, 142,
  144, 146, 147
educación · 74, 99, 110,
  115, 126, 144, 147,
  158, 161
empleados · 92, 98, 113,
  144, 145, 153
empresarios · 54, 64, 69,
  112, 133, 135, 151
España · 47, 120
Estados Unidos · 19, 35,
  38, 47, 71, 112, 114,
  157
estadounidenses · 84, 92,
  98, 157
estructura mental · 30, 31,
  147, 148, 149, 150
Europa · 35, 36, 39, 40,
  71, 132
europeos · 23, 36, 38, 41,
  42, 43, 44, 47, 50, 51,
  57, 59, 65, 67, 77, 82,
  90, 91, 92, 125, 126,
  131, 132, 135
extranjero · 44, 46, 72, 92,
  137

# F

Facebook · 52
falacia · 115, 128, 129
fractales racistas · 155
Francia · 41, 112
Fujimori · 44, 52, 54, 122

# G

García · 122
generalización · 29, 31, 82
genes · 43
González Prada · 48, 49,
  163

# H

Harvard · 63
herencia · 43
hispanos · 158
Holanda · 41, 47
Huachafo · 45, 131
Huaco · 45
Huamán · 45
huaynos · 116
Humala · 52, 53

# I

Inca · 45
indios · 37, 40, 41, 42, 45,
  50, 55, 56, 57, 68, 71,
  105, 111, 115, 116,
  119, 120, 126, 127,

130, 132, 142, 145,
148, 150, 151, 156
Inglaterra · 41, 47, 76, 112
inmigrantes · 38, 40
innovación · 100
irracional · 59, 152, 160
Italia · 18, 38, 41, 47, 50,
76, 131

## J

Japón · 38, 112, 135
Justicia social · 147

## L

ley · 80, 83, 84, 87, 90, 91,
92, 102, 103, 108, 110,
136, 146, 147, 160
Ley racista · 79, 80, 81
Liberarse · 149, 151
Libertad · 119
libros · 17, 36, 45, 48, 66,
92, 121
Lima · 44, 56, 114, 116,
117, 138, 143, 163

## M

Machu Picchu · 71, 117
Madrid · 45, 72, 163
Marina de Guerra · 85
Marruecos · 38
materias primas · 98

mestizos · 37, 40, 41, 42,
45, 68, 69, 120, 126,
130
método cibernético · 52,
53, 54
migraciones · 38
mineras · 54, 130, 135
mistis · 119, 135
moderno · 92, 114

## N

nativos · 37, 41, 68, 130,
150
negros · 37, 40, 41, 42, 45,
68, 116, 126, 148, 151,
158
neoliberales · 56, 112
Nigeria · 38
niñez · 130, 160

## O

origen · 33, 35, 36, 38, 42,
45, 46, 49, 52, 57, 59,
68, 84, 111

## P

padres · 57, 58, 59, 66, 72,
80, 87, 126, 129, 130,
132, 133, 137, 150,
160
Paredes · 19, 122, 163
París · 45
Payhuaco · 45

Perú · 17, 18, 32, 33, 35,
    36, 38, 40, 43, 44, 45,
    48, 49, 54, 55, 58, 61,
    63, 67, 68, 70, 71, 72,
    73, 75, 77, 80, 84, 85,
    92, 93, 95, 97, 104,
    111, 113, 116, 119,
    121, 125, 130, 132,
    134, 137, 138, 141,
    142, 145, 146, 147,
    148, 152, 155, 159
Perugia · 18, 50
petroleras · 54
Piura · 43
Pizarro · 48, 49, 50, 118
pobreza · 23, 32, 39, 40,
    47, 59, 93, 99, 120,
    144, 160
provincianos · 44, 56, 105,
    138

## Q

quechuas · 105, 119

## R

racismo · 29, 33, 34, 36,
    42, 48, 52, 55, 57, 58,
    59, 61, 62, 64, 69, 86,
    87, 102, 103, 121, 130,
    132, 133, 138, 147,
    148, 149, 150, 152,
    154, 155, 160
racistas peruanos · 23, 30,
    32, 33, 35, 36, 94, 105,
    133, 157
Ragni · 20, 50

rap · 157
raza asiática · 35, 67
raza blanca · 35, 67
raza chola · 35, 67
raza india · 35, 67
raza mestiza · 35, 67
raza negra · 35, 67
razas · 24, 34, 48, 58, 67,
    68, 73, 75, 125, 127,
    129, 130, 139, 153,
    155
REP · 36, 38, 40, 42, 43,
    44, 46, 47, 50, 56, 57,
    58, 59, 61, 62, 64, 65,
    67, 68, 69, 70, 73, 75,
    77, 80, 81, 89, 90, 91,
    92, 93, 95, 97, 104,
    111, 113, 118, 125,
    126, 127, 128, 129,
    130, 131, 132, 133,
    135, 145, 147, 148,
    150, 152, 156
repetición · 127
repulsión · 38

## S

salud · 74, 99, 104, 110,
    144, 147, 161
sangre · 43, 67, 134
satisfacción simbólica ·
    115, 129
Scorza · 121, 164
Selvático · 45
serranos · 44, 55, 56, 69,
    105, 131
socialismo · 111
subliminal · 65, 134

Suecia · 41, 76, 99, 110, 142
Suiza · 41, 47

## T

tautología · 127
televisión · 55, 64, 115, 133, 158
teoría · 27, 129
Toledo · 63, 122
trabajo inductivo · 29
Trinchudo · 45
Trujillo · 18, 43, 46, 86, 118, 164
Túpac Amaru II · 49

## V

Vallejo · 121, 164
Valverde · 48, 49, 50
ventajas comparativas · 97
ventajas competitivas · 97

## X

Xenofilia · 44

## Y

Yale · 118
YuoTube · 52